U0936161

珍藏本·增订本

纪念版

汉译世界学术名著丛书

# 我的世界观

〔美〕爱因斯坦 著

张卜天 译

商务印书馆
SINCE1897
The Commercial Press

Albert Einstein
**MEIN WELTBILD**
根据德国乌尔施坦（Ullstein）出版社 2014 年第 32 版译出

# 汉译世界学术名著丛书
# （120年纪念版·珍藏本）
# 增订本出版说明

2017年10月，为纪念商务印书馆创立120周年，本馆推出“汉译世界学术名著丛书”（120年纪念版·珍藏本），计七百种。近五六年来，仰赖学界同人倾力支持，订正旧译，增补新译，拓展新著，积累日多。为满足读者需要，本馆在七百种的基础上，继续推出“汉译世界学术名著丛书”（120年纪念版·珍藏本·增订本）三百种。至此，“汉译世界学术名著丛书”累计出版已达千种。

今后，本馆将继续推进丛书的翻译出版工作，在积累单本名著的基础上陆续分辑刊行，汇印出版。为促进中外文明互鉴、推动我国学术发展，使“汉译世界学术名著丛书”这项对我国学术文化有基本建设意义的重大工程发挥更大作用，诚望海内外学术界、翻译界继续给予支持，帮助我们把这套丛书出得更好。

商务印书馆编辑部

2024年2月

# 汉译世界学术名著丛书
# （120年纪念版·珍藏本）
# 出版说明

2017年2月11日，商务印书馆迎来120岁的生日。120年前，商务印书馆前贤怀揣文化救国的理想，抱持“昌明教育，开启民智”的使命，立足本土，放眼寰宇，以出版为津梁，沟通中西，为中国、为世界提供最富智慧的思想文化成果。无论世事白云苍狗，潮流左右激荡，甚至战火硝烟弥漫，始终践行学术报国之志，无改初心。

迻译世界各国学术名著，即其一端。早在20世纪初年便出版《原富》《天演论》等影响至今的代表性著作，1950年代后更致力于外国哲学和社会科学经典的译介，及至1980年代，辑为“汉译世界学术名著丛书”，汇涓为流，蔚为大观。丛书自1981年开始出版，历时三十余年，迄今已推出七百种，是我国现代出版史上规模最大、最为重要的学术翻译工程。

丛书所选之书，立场观点不囿于一派，学科领域不限于一门，皆为文明开启以来，各时代、各国家、各民族的思想与文化精粹，代表着人类已经到达过的精神境界。丛书系统译介世界学术经典，引领时代思想，为本土原创学术的发展提供丰富的文化滋养，为推动中国现代学术和现代化进程做出了突出的贡献。

为纪念商务印书馆成立120周年，我们整体推出“汉译世界学术名著丛书”120年纪念版的珍藏本，寄望既利于文化积累，又便于研读查考，同时向长期支持丛书出版的译者、编者和读者致以敬意。

两甲子后的今天，商务印书馆又站在了一个新的历史时间节点上。我们不仅要铭记先辈的身影和足迹，更须让我们的步伐充满新的时代精神。这是商务人代代相传的事业，更是与国家和民族的命运始终紧密相连的事业。我们责无旁贷，必须做好我们这代人的传承与创造，让我们的努力和成果不仅凝聚成民族文化的记忆，还能成为后来人可以接续的事业。唯此，才能不负前贤，无愧来者。

商务印书馆编辑部

2017年10月

# 目　录

## 一　我眼中的世界

## 二 政治与和平主义

## 三　与纳粹作斗争

## 四　犹太人问题

## 五　科学贡献

# 一　我眼中的世界

# 我的世界观

我们这些终有一死的人的命运是多么奇特啊！每个人都是这里短暂的过客；目的何在，他并不知晓，尽管有时自认为感觉得到。但不必深思，从日常生活就可以知道，人是为别人而存在的——首先是为这样一些人，我们自己的幸福完全依赖于他们的愉快和健康；然后是为许多素不相识的人，同情的纽带将其命运与我们紧密相连。我每天无数次地提醒自己：我的精神生活和物质生活都依赖于别人的劳动，无论是去世的还是健在的，我必须尽力以同等程度回报我已经领受和正在领受的东西。我强烈向往俭朴的生活，并时常为发觉自己占用了同胞们过多的劳动而心情沉重。我认为阶级的区分是不合理的，它最终以暴力为根据。我也相信，无论在身体上还是精神上，简单纯朴的生活对每个人都是有益的。

我完全不相信人会有哲学意义上的自由。每个人的行为不仅受外界强迫，还要符合内在的必然。叔本华说："人可以按意愿行事，却无法控制意愿。"[①]从青年时代起，这句话就一直激励

① 叔本华这句话的德文原文是：Ein Mensch kann zwar tun, was er will, aber nicht wollen, was er will。英译文是：A man can do what he wants, but not want what he wants。——译者

着我；面对自己或他人生活中的困境时，它总能带来慰藉，并且永远是宽容的源泉。幸好有这种认识，使责任的重负得以减轻，避免对自己和他人过分苛责，并且有助于培养一种幽默的人生观。

客观地讲，探究一个人自身或所有生物存在的意义或目的，我总觉得是荒唐可笑的。但每个人都有一些理想来决定他的努力方向和判断。在这个意义上，我从不把安逸和享乐看成目的本身——我也把这种道德基础称为猪群的理想。照亮我前方道路的理想是善、美和真。它们不断使我充满生活的勇气，使我乐观面对人生。倘若没有志同道合者的心意相通，倘若不是全神贯注于那个在艺术和科学上永远也达不到的客观对象，那么在我看来，生活就是空虚的。人们努力追求的庸俗目标——财产、虚名、奢侈——我总觉得是可鄙的。

对于社会正义和社会责任，我有着强烈的感受，而对于直接接触他人和社会，我又表现出明显的淡漠，这两者之间总是形成古怪的对照。我实在是一个“孤独的过客”，我从未全心全意地属于我的国家、家庭、朋友，甚至是我的直系亲人；在所有这些关系面前，我从未失去一种距离感和保持孤独的需要，而且这种感受正与年俱增。人们会清楚地发觉，与别人的相互理解和协调一致是有限度的，但这并不足惜。这样的人无疑会失去一些天真无邪和无忧无虑，但也因此能在很大程度上不为别人的意见、习惯和判断所左右，避免把他的内心平衡建立在这样一些不可靠的基础之上。

我的政治理想是民主。每个人都应当作为人而受到尊重，不要把任何人当作偶像来崇拜。我一直受到别人过分的赞扬和尊敬，这并非我个人的功过使然，而实在是命运的嘲弄。这大概源于许多人无法实现的一种愿望，他们想了解我以自己的绵薄之力经过不断努力所获得的几个观念。我清楚地知道，一个组织要想实现目标，必须有人担任思考指挥之大任。但被领导的人不可受到强迫，他们必须能够选择自己的领袖。在我看来，强迫性的独裁专制很快就会腐化堕落，因为暴力总是吸引品德低劣之徒。我相信，天才的暴君总是由恶棍来继承，这是一条亘古不变的规律。因此，我向来极力反对当今在意大利和俄国出现的制度。今天，欧洲的民主形式之所以受到怀疑，不能归咎于民主原则本身，而是因为政府缺乏稳定性，以及选举制度的与个人无关的特征。在这方面，我相信美国已经找到了正确的道路。他们选出的总统任期足够长，有充分的权力来真正履行职责。而另一方面，在德国的政治制度中，我看重它为救助病人或贫困的人作了广泛规定。在丰富多彩的人生中，我认为真正可贵的不是政治上的国家，而是有创造性和感情的个体与人格；只有个人才能创造出高贵和崇高的东西，而民众在思想和感觉上总是迟钝的。

接着这个话题，我要谈谈民众生活中一种最坏的表现，那就是我所憎恶的军事制度。一个人能乐于随着军乐队的旋律在队列中行进，单凭这一点就足以让我鄙视他。这种人长个大脑只是出于误会，单凭一根脊髓就足以满足他的需要。文明的这个罪恶之源应当尽快根除。听令而行的英雄主义，残忍的暴行，打着爱国主义旗号所进行的一切令人作呕的胡闹，所有这些都使我深恶痛绝。在我看来，战争是多么邪恶、卑鄙！我宁愿被千刀万剐，也不愿参与这种可憎的勾当。我对人类的评价还是很高的，我相信，若不是政治商业利益集团通过学校和报刊系统地为民众洗脑，战争这个妖魔早就销声匿迹了。

我们所能拥有的最美好的体验是神秘体验。这种基本情感是真正的艺术和真正的科学的策源地。谁要是不了解它，谁要是不再有好奇心和惊异感，就无异于行尸走肉，他的眼睛是黯淡无光的。正是这种对神秘的体验——即使夹杂着恐惧——产生了宗教。我们认识到有某种无法参透的东西存在着，感受到最深奥的理性和最灿烂的美以最原始的形式直通我们的心灵，这种认识和情感构成了真正的宗教性（Religiosität）；在这个意义上，也仅仅是在这个意义上，我才是一个笃信宗教的（tief religiösen）人。我无法想象有一个神会对自己的造物加以赏罚，也无法想象他会有我们所体验的那样一种意志。我不能也不愿想象一个人可以超越肉体死亡而存在；让那些脆弱的灵魂，出于恐惧或荒谬的唯我论，去拿这些思想当宝贝吧！我满足于生命永恒的奥秘，满足于知晓和窥探现有世界的神奇结构，能以诚挚的努力去领悟显示于自然之中的那个理性的一部分，哪怕只是极小一部分，我也就心满意足了。

# 生活的意义

人生的意义是什么？或者就此而言，任何生物生活的意义是什么？要想知道这个问题的答案，就意味着要有宗教信仰。你问：那么提出这个问题是否有意义呢？我回答：认为自己和别人的生活毫无意义的人不仅不幸，而且几乎无法生活。

## 人的真正价值

一个人的真正价值主要取决于他在什么程度和什么意义上从自我解放出来。

# 论财富

我非常确信，世界上的财富无法帮助人类进步，哪怕掌握财富的是对进步事业最热诚的那些人。只有以伟大而纯洁的个人为榜样，才能把我们引向高尚的思想和行为。金钱只会引发自私自利，并且不可抗拒地导致恶习。

谁能想象摩西、耶稣或甘地竟挎着卡内基的钱包呢？

# 社会与个人

只要考察一下我们的生活和工作，就会看到，我们几乎所有的行动和愿望都和别人的生存紧密相关。我们注意到，人类的整个本性和群居动物的本性非常相像。我们吃别人生产的食物，穿别人缝的衣服，住别人造的房子。我们的知识和信念大都是以别人创造的语言为媒介，由别人传授给我们的。倘若没有语言，我们的心智能力将会贫乏得如高等动物一般；因此不得不承认，我们相对于动物的主要优势就在于生活在人类社会里。一个人如果生下来就离群索居，孤立无援，那他的思想感情中保留的原始性和兽性将会达到难以想象的程度。个人的本质和意义与其说是凭借他个人，不如说因为他是伟大人类社会的一员，从生到死，他在物质和精神上的存在都由社会指引。

一个人对社会的价值主要取决于他的感情、思想和行动对于增进人类的利益有多大贡献。我们根据一个人在这方面的态度来判断他是好是坏。初看起来，我们对人的评价仿佛完全依赖于他的社会性质。

但这种态度是错误的。很容易看到，我们从社会中获得的一切有价值的成就，无论是物质的、精神的还是道德方面的，都是由世世代代有创造性的个人所取得的。有人发明了用火，有人培育了可食用的植物,还有人发明了蒸汽机。

唯有个人才能思考,从而为社会创造新的价值,甚至还能为社会生活建立起新的道德标准。如果没有能够独立思考判断的创造性个体,社会的前进就无从想象,就像如果没有社会土壤的滋养,个体人格的发展就无从想象一样。

因此,社会的健康既取决于个人之间密切的社会结合,又取决于个人的独立性。有人说得不错:希腊-欧美文化,尤其是在那个终止了中世纪欧洲停滞状态的意大利文艺复兴时期的繁荣兴旺,其真正的基础就在于个人的解放和相对孤立。

现在来看看我们生活的这个时代。社会的情况怎么样?个人的情况怎么样?与以前的时代相比,文明国家的人口稠密多了;今天欧洲的人口大约是一百年前的三倍,而第一流人物的数量却不成比例地减少了。只有少数人因其创造性的成就而为大众所知。组织已经在某种程度上取代了领导人物,这在技术领域尤为突出,在科学领域也已达到很显著的程度。

杰出人物的缺乏在艺术领域特别显著。绘画和音乐明显退化了,基本上失去了对大众的吸引力。在政治上不仅缺乏领袖,公民的独立精神和正义感也已大大衰退。建立在这种独立性基础上的民主议会制度在很多地方已经动摇;由于维护个体尊严和权利的意识已经不再强烈,导致独裁政权不断涌现,并且得到容忍。任何国家的羊群般的民众,短短两周时间就能被报纸煽动得群情激愤,准备穿上军装,为少数党派利益的肮脏目的去厮杀战斗。今天,文明人正在遭受个人尊严的沦丧,在我看来,义务兵役制就是其最可耻的症状。难怪有不少先知预言,人类的文明很快就会衰落。我并非这样的悲观论者,我相信更美好的时代正在到来。我想简述一下这种信心的理由。

在我看来,目前之所以呈现衰败之象,乃是因为经济与技术的发展使生存竞争大大加剧,严重损害了个人的自由发展。但技术的发展意味着,为满足社会需求,个人必须做的工作越来越少。同时迫切需要计划分工,使个人的物质生活得到保障。有了这种保障,加之个人能自由支配更多的闲暇和精力,他的个性就能得到发展。这样一来,社会就可以恢复健康。希望未来的历史学家能将今日社会之病症,解释成怀有远大抱负的人类的童年疾病,一切皆因文明进展过快所致。

# 国家与个人良知

亲爱的科学家同仁：

如果一个人的良心认为，政府规定他去做的事情或者社会期望他采取的态度是错误的，他该怎么办呢？这其实是一个老问题。我们很容易说，个人完全依赖于他所生活的社会，自然必须接受它的规则，因此对于在不可抗拒的强迫下所做的事情，个人不应负责。但对这种想法的表述本身就清楚地说明，这样一个概念同我们的正义感有多么大的反差。

外界的强迫可以在一定程度上减轻个人的责任，但永远无法将它完全消除。在纽伦堡审判中，这种想法被视为自明的。我们的制度、法律和习俗中一切有道德意义的东西，都可以追溯到对无数个人正义感的诠释。制度要是得不到个体责任感的支持，在道德的意义上就是无能的。努力唤起和加强这种个体责任感乃是对人类的重要贡献。

在我们这个时代，科学家和工程师担负着特殊的道德责任，因为发展大规模破坏性武器属于他们的活动领域。因此我觉得，成立“科学的社会责任协会”满足了一种实际需要。通过讨论固有的问题，该协会将使个人更容易澄清自己的想法，对于自己的立场有明确的定位。此外，对于那些因为遵照自己的良心而面临困境的人，相互帮助是必不可少的。

# 善与恶

对人类和人类生活的提升最有贡献的人应当最受爱戴，这在原则上是正确的。但如果进一步追问这些人是谁，就会碰到不小的困难。就政治领袖甚至宗教领袖而言，他们究竟做的好事多还是坏事多，往往令人怀疑。因此我非常真诚地相信，一个人对民众最好的服务是让他们去做某种提升的工作，从而间接地提升他们自己。这尤其适用于大艺术家，在较小的程度上也适用于科学家。当然，提升一个人、丰富其本性的并非科学研究的成果，而是追求理解的冲动，是创造性或领悟性的思想活动。因此，根据《塔木德》（*Talmud*）的思想成果来判断这部法典的价值肯定是不适当的。

# 宗教与科学

人类所思所做的一切都与满足内心深处的需要和减轻苦痛有关。若想理解精神活动及其发展，就务必要牢记这一点。情感与渴望是人类一切努力与创造背后的动力，无论这些努力和创造看起来有多么高贵。那么，是什么情感和需要将人们引到了最广义的宗教思想和信仰呢？稍作思考便不难明白，是各种各样的情感产生了宗教的思想和经验。在原始人那里，唤起宗教观念的主要是恐惧——对饥饿、野兽、疾病和死亡的恐惧。因为在人类生存的这一阶段，对因果关系的认识通常还不够深入，人们就在头脑中创造出一些与自己多少有些相像的虚幻之物，各种令人恐惧的事物便来自它们的意志和行为。于是人们便试图取悦那些虚幻之物，按照代代相传的传统，用一些行动和祭献来讨好它们，或者使之对凡人有好感。在这个意义上，我称之为恐惧式宗教。这种宗教虽然不是被创造出来的，却因为形成了一个特殊的祭司阶层而获得了相当程度的稳定性。祭司阶层把自己确立为民众与他们所害怕的鬼神之间的中间人，并借此建立起一种霸权。在许多情况下，靠别的因素而获得地位的首领、统治者或特权阶层为了巩固世俗权力，会把这种权力同祭司的职能结合起来；或者，统治者与祭司阶层会为了各自的利益而进行合作。

社会情感是形成宗教的另一个源泉。无论是父母还是更大人类共同体的领袖都不免会死亡和犯错误。渴望得到引导、关爱和支持,使人们形成了社会或道德意义上的上帝观念。这是一个司掌天意的上帝,拥有保护、处置和奖惩等权力。他按照人们的眼界来爱护部族或人类的生命,甚至是生命本身;他是生者悲伤难过或愿望得不到满足时的安慰者,也是死者灵魂的保护者。这便是社会或道德意义上的上帝观念。

犹太教经典很好地说明了从恐惧式宗教到道德式宗教的发展,这种发展在《新约》中得以持续。所有文明民族尤其是东方民族的宗教,主要都是道德式宗教。从恐惧式宗教发展到道德式宗教是人类生活的一大进步。但我们必须防止一种偏见,以为原始宗教完全以恐惧为基础,而文明人的宗教纯粹以道德为基础。事实上,一切宗教都是以上两种宗教的混合,区别在于:社会生活水平越高,道德宗教就越占主导。

所有这些类型的宗教都有一个共同点,那就是它们的上帝观念都有拟人化特征。一般来说,只有具有非凡天才的个人和特别高尚的集体才能大大超越这一层次。但还有第三个阶段的宗教经验属于所有这些宗教,尽管很少能见到它的纯粹形式,我称之为“宇宙宗教感情”。要向完全没有这种经验的人讲清楚它是什么,那是非常困难的,特别是因为没有什么拟人化的上帝观念同它对应。

这类人感觉到人的欲望和目标皆属徒然,而大自然和思维世界却显示出令人惊异的崇高秩序。他们觉得个人的生活犹如监狱,想把宇宙当作一个有意义的整体来体验。宇宙宗教感情在人类发展的早期阶段就已出现端倪，比如在大卫的《诗篇》和一些犹太先知那里。佛教中这种情感要素还要强烈得多，这尤其可以从叔本华的美妙著作中读到。

历代的宗教天才皆因这种宗教感情而卓著，它没有教条，也没有以人的形象而构想的上帝，因此不会有哪个教会把核心教义建立在它的基础上。因此，恰恰在每个时代的离经叛道者当中，我们可以找到充满这种最高宗教感情的人。在很多情况下，他们都被其同时代人视为无神论者，有时也被看作圣人。由是观之，像德谟克利特（Democritus）、阿西西的方济各（Francis of Assisi）和斯宾诺莎（Spinoza）这样的人彼此都很相近。

既然没有明确的上帝观念，也提不出什么神学，宇宙宗教感情又如何能得到传承呢？在我看来，唤醒人心中的这种感情并使之保持活力，正是艺术与科学最重要的功能。



由此可见，我们对科学与宗教关系的看法与通常的理解很不相同。从历史角度来看，人们总是倾向于认为科学与宗教势不两立、无法调和，其理由显而易见。凡彻底相信因果律发挥着普遍作用的人，对于神干预事件进程的那种想法是一刻也不能容忍的——当然前提是，他对因果假说是非常认真的。他用不着恐惧式宗教，也用不着社会式或道德式宗教。一个有赏罚的上帝对他来说是匪夷所思的，理由很简单：一个人的行为是由外在和内在的必然性决定的，因此在上帝看来，他不必为自己的行为负责，正如无生命物体不必为自己的运动负责一样。有人因此指责科学损害了道德，但这种指责是不公正的。一个人的道德行为应有效地建立在同情心、教育、社会联系和社会需求上，并不需要任何宗教基础。如果一个人仅仅因为害怕死后受罚和希望死后得到奖赏才去约束自己，那就太可悲了。

由此不难理解为何教会总是与科学作对，并且迫害献身科学的人。另一方面，我坚信宇宙宗教感情是科学研究最强烈和最高尚的动机。只有认识到理论科学的开创需要付出巨大的努力尤其是献身时，才能领会这样一种感情的力量，只有凭借这种力量才能从事那种远离现实生活的工作。为了揭示天体力学的原理，开普勒和牛顿不知默默工作了多少个年头，他们对宇宙合理性的信念该是多么真挚，理解宇宙的愿望又该是多么热切啊！而宇宙合理性仅仅是在这个世界中揭示的理性的微弱反映罢了。主要从实际结果来认识科学研究的人很难正确理解下面一些人的心态：他们遭到世人质疑，却为世界各地和各个时代的志同道合者指明了道路。只有终生致力于类似目标的人才能深切体会到，究竟是什么东西在激励这些人并且赋予他们力量，使之无论经历多少挫折都能矢志不渝。给人这种力量的正是宇宙宗教感情。有一个当代人说得不错，在我们这个唯物主义的时代，只有严肃的科学工作者才是笃信宗教的人。

# 科学的宗教精神

在思想深刻的科学家当中,很难找到一个没有宗教感情的人。但这种宗教感情与常人的宗教信仰有所不同。对常人而言,上帝是这样一个存在,人们希望得到他的庇佑,害怕受到他的惩罚。这种感情类似于孩子对父亲那种感情的升华,可以说常人与这个上帝建立起一种个人关系,无论他被渲染得多么令人敬畏。

但科学家却一心相信普遍的因果关系。在科学家看来,未来和过去一样,任何细节都是必然和确定的。道德并不是什么神圣的东西,它纯粹是人的事情。其宗教感情表现为对自然法则的和谐感到狂喜和惊奇。这种和谐揭示出一种高超的智慧,与之相比,人类一切系统性的思想和行动都只是它微不足道的反映罢了。这种感情是科学家生活和工作的指导原则,只要他能成功摆脱私欲的束缚。这种感情与历代宗教天才所怀有的感情无疑非常相似。

# 失去的天堂

直到17世纪，整个欧洲的学者和艺术家们还被一种共同的理想主义纽带紧密地团结在一起，其合作很少受到政治事件的影响。对拉丁语的普遍使用进一步加强了这种团结。

然而抚今追昔，我们仿佛看到了一个失去的天堂。民族主义的激情已经摧毁了这个思想共同体，曾将整个世界联合在一起的拉丁语业已死去。学者们成了最极端的民族传统的代表，并且失去了思想共同体的意识。

今天，我们正面临一个令人不安的事实：讲求实务的政治家竟然成了国际主义观念的倡导者。正是他们创立了国际联盟。

# 道德文化的必要性

值此道德文化协会庆祝周年纪念之际，我特向你们致以祝贺和良好的祝愿。诚然，对于这75年来在道德方面的诚挚追求所取得的成果，我们尚不能感到满意。因为我们很难断言，今天人类生活的道德风貌总体而言要比1876年更加令人满意。

当时有一种观点认为，只要在可确知的科学事实领域获得启发，并且克服了偏见和迷信，就可望得到一切。当然，所有这些都很重要，值得最优秀的人付出最大的努力。在这方面，这75年成绩斐然，并通过文学和舞台传播出去。但清除障碍本身并不会使社会生活和个人生活高尚起来。因为除了这个消极的结果，更需要一种积极的抱负和努力，以使我们的共同生活具有一种伦理道德结构。在这方面，科学救不了我们。我甚至认为，在我们的教育中过分强调纯粹知识的、往往只讲求事实和实用的态度，已经直接危害到道德价值观。我所想到的与其说是技术进步使人类直接面临的危险，不如说是一种“务实的”思维习惯对人类互信互谅的窒息，这种思维习惯已经给人类的关系蒙上一层致命的严霜。

专注于艺术要比专注于科学更容易在道德和审美方面得到满足。当然，**理解**我们的同胞是重要的，但只有在忧乐与共的同情心的维持下,这种理解才能有好结果。清除了迷信成分之后,留给宗教的正是培养道德行为的这个最重要的源泉。在这个意义上,宗教构成了教育的一个重要部分,但教育对宗教考虑太少,就连那一点考虑也很不系统。

当前世界政治形势的可怕困境,与我们文明的这种忽视之罪有很大关系。没有“道德文化”,人类就不会得救。

# 法西斯主义与科学

亲爱的部长先生：

出于良知，意大利最著名和最受尊敬的两位科学家在危难之时请我给您写信，希望可能防止当今的意大利学者遭到残酷折磨。我指的是要求向法西斯主义制度宣誓效忠。我想请您劝告墨索里尼先生，莫让意大利的知识精英受这种羞辱。

不论我们的政治信仰有多么不同，我知道我们在一个基本点上是一致的：我们都钦佩欧洲知识分子的卓越成就，并且从中看出了我们的最高价值。这些成就的基础在于思想自由和教学自由，在于追求真理的渴望必须优先于其他一切渴望。正是在这一基础上，我们的文明才能在希腊产生，才能在文艺复兴时期的意大利重获新生。我们这份最宝贵的财富是用纯洁而伟大的殉道者的鲜血换来的，正因为有了他们，意大利至今仍受到爱慕和尊敬。

我无意同你争论以什么样的国家名义对人的自由的侵犯才算合法。但任何一个政府都应认为，追求与日常生活实际利益无涉的科学真理是神圣的。让那些诚挚地侍奉真理的人不受打扰，这符合所有人的最高利益，无疑也符合意大利国家的利益及其在世人眼中的威望。

# 论学术自由

学术职位有很多，睿智高尚的教师却很少。宽敞的报告厅有很多，真正渴望真理和正义的年轻人却很少。大自然的制造品有很多，但其钟意的产物却很少。

这一点我们都知道，那为何还要抱怨呢？难道不是向来如此，将来也将一直如此吗？诚然，我们必须接受自然的安排，但还有一种类似于时代精神的东西，即一代人所特有的心灵态度，彼此传递而给社会打下了独特的印记。我们每个人都应当为改造这种时代精神而尽自己的力量。



试把一百年前大学里的年轻人朝气蓬勃的精神与今天流行的精神作对比。那时，他们相信人类社会能够得到改良，尊重任何诚恳的意见，并保有伟大人物曾为之献身奋斗的那种宽容。在那些日子里，人们为一个更大的政治统一体（时人称之为“德意志”）而奋斗。热衷于这些理想的正是大学里的学生和教师。

如今，也有人在渴望社会进步，渴望宽容和思想自由，渴望有一个更大的政治统一体，即我们今天所说的欧洲。但大学里的学生和教师已经不再体现人民的希望和理想了。任何人只要清醒而冷静地打量一下时代，就必定会承认这一点。

我们今天聚在一起就是要省视自身，做出判断。本次聚会的外因是贡贝尔事件。这个宣扬正义的人以满腔的热情和极大的勇气，光明正大地揭露了许多未受惩处的政治罪行，通过写书为社会做出了巨大贡献。但就是这样一个人，却成为其大学师生的排挤对象。

绝不能允许政治激情发展到这样的地步。我深信，任何不带偏见地读过贡贝尔著作的人都与我有同感。若想建立一个健康的政治社会，像他这样的人是不可或缺的。

希望每个人都能根据自己所读的东西来判断，而不是任凭道听途说。

果真如此，贡贝尔事件纵使有不光彩的开端，也可能变成好事。

# 现代审问制度

1953年5月16日

亲爱的弗劳恩格拉斯先生：

感谢你的来信。所谓“冷僻领域”，我指的是物理学的理论基础。

这个国家的知识分子面临的问题非常严峻。反动政客在公众眼前虚晃着一种外来的危险，成功地使他们对一切知识上的努力都表示怀疑。到目前为止，这伙人已经得逞，现在又开始压制教学自由，凡不顺从者就剥夺其职位，也就是要把他们饿死。

作为少数，知识分子应当如何来抵抗这种罪恶呢？坦率地讲，我认为只有走甘地那种不合作的革命道路。每一个受到委员会传讯的知识分子都应拒绝作证，也就是说必须准备坐牢和经济破产，简而言之，准备为其祖国的文化福祉牺牲个人幸福。

但这种拒绝作证绝不能基于众所周知的那种遁词，即援引《第五修正案》以免受到牵连，而应依据这样的主张：清白的公民屈服于这种审问是可耻的，这种审问违反了宪法精神。

如果有足够多的人愿意迈出这严正的一步，他们将取得胜利。否则，这个国家的知识分子接受为其量身定造的奴役是咎由自取。

又及：此信不必视为“机密”。

# 培养独立思考的教育

教给人专业知识是不够的。专业知识可能使人成为一种有用的机器,却无法使人格得到和谐发展。务必让学生对价值观有所了解并产生热烈的感情,对于美和善也必须有强烈的感受,否则拥有专业知识的人更像是一条训练有素的狗,而不像一个和谐发展的人。为与同伴和集体达成适当关系,他必须学会理解人们的动机、幻想和痛苦。

这些宝贵的东西是通过教师的言传身教,而不是(或至少主要不是)通过教科书传授给年轻一代的。文化基本上就是这样形成和保存的。当我把“人文学科”当作重要的东西推荐给大家时,心里想的正是这个,而不仅仅是历史和哲学领域中那些枯燥的专业知识。

过分强调竞争制度,以及基于实用过早地划分专业,将会扼杀包括专业知识在内的一切文化生活所依赖的那种精神。

还有一点很重要,有价值的教育要培养年轻人独立的批判思考能力。数量众多、种类繁杂的科目(学分制)使年轻人负担过重,这大大危及了这种发展。负担过重必然导致肤浅。要让学生觉得教育是一件珍贵的礼物,而不是沉重的义务。

# 教育和教育者

读了你大约16页稿件，不觉莞尔。从内容上看，你聪慧机智、观察敏锐，为文也诚实，有一定的独立思考能力，但也有典型的女人气。所谓女人气，我指的是不够自主，而且夹杂着个人怨恨。我以前读书时，老师也是这样对我的，他们不喜欢我的特立独行，需要助手时总是对我视而不见（不过我得承认，我做学生时不如你规矩）。不过在我看来，我当年的学校生活实在不值得付诸笔墨，更没有责任让人印出它或实际读到它。此外，一些人以自己的方式拼死拼活争取自己的地位，我们也没有什么好抱怨的。

因此，建议你别再闹情绪，把稿件留给你的孩子吧，他们兴许还能从中得到安慰。还有就是，不要在乎老师对他们的说法或看法。

顺便说一句，我来普林斯顿只是做研究，不是来教书。总的说来，教育已经太多了，尤其是在美国学校。唯一合理的教育方式就是做出榜样——如果没有办法，就做一个以儆效尤的榜样。

# 致日本学童

日本的学童们，今天向你们致以问候，是有特别理由的。我曾造访你们美丽的国家，那里的城市、房屋、群山和树林，还有你们对美丽祖国的热爱，让我记忆犹新。我的案头一直放着一本大厚书，其中都是日本小朋友的彩绘。

如果你们收到了我这份遥远的问候，请不要忘了，直到我们这个时代，不同国家的人民才开始友好交往和相互理解。而过去，国与国之间了解很少，甚至还彼此仇恨或恐惧。真希望国与国之间能够建立越来越深的兄弟般的理解。请记住我这位老人家从远方捎来的问候，希望你们这代人有朝一日的表现能让我们羞愧。

# 教师和学生

亲爱的孩子们：

今天很高兴见到你们，在这个充满阳光的幸福国度，你们是幸福的青少年。

请记住，你们在学校里学到的那些美妙的东西无不凝结着世界各国一代代人的极大付出和辛勤努力。这些遗产传到你们手中，希望你们能够受用、尊重并发扬光大，有朝一日再忠实地传给你们的后代。这样一来，我们这些终会逝去的凡夫俗子就能在我们共同创造的不朽事物中得到永生。

若能铭记这一点，你们就会在生活和工作中找到意义，对于别的国家和时代也会获得正确的态度。

# 达沃斯的大学课程

“元老院的议员是好人,元老院却是野兽(*Senatores boni viri senatus autem bestia*)。”我的一个朋友在瑞士当教授,有一次系里得罪了他,他便回了这样一句幽默的话。良心和责任感对个人的引导相对容易,对集体的引导则更加困难。这一事实给人类造成了多大不幸啊!战争和各种压迫皆源于此,让人世间充满了悲痛、叹息和苦难。

然而,只有通过众人的无私合作,才能成就真正有价值的事业。因此,每当看到人们为了促进生活和文化,经过奉献牺牲开创了某种公共事业,那些有善良意愿的人就会欣喜非常。

得知达沃斯拟开设的大学课程时,我就感受到这种单纯的喜悦。这里正以聪敏和智慧开展一项救助工作,这实在是一场及时雨,虽然这种需求并非每个人都能一目了然。许多年轻人来到这个山谷,希望这里充足的阳光能使其身体恢复健康。但如果这样长时间脱离正常工作,失去磨练意志的机会,整日焦虑其身体状况,人就容易丧失精神的恢复力,或者说在生存斗争中保持力量的意识。他成了某种温室植物,即便身体得到恢复,也很难回到正常生活。正在学习的年轻人尤其如此。在重要的成长时期中断精神训练,很容易留下日后难以弥合的缺口。

一般而言，适度的脑力活动非但不会妨碍治疗，还会像适度的体力活动一样间接促进健康。出于这种认识，设置大学课程不仅可以为这些年轻人谋职做准备，还能激励他们从事脑力活动。为此，有关课程不仅要考虑学生的工作和锻炼，还要关注他们的心灵健康。

别忘了，这项事业非常适合在各国人士之间建立联系，进而加强欧洲共同体这一观念。在这方面，新机构若能从一开始就将一切政治意图排除在外，效果可能会更好。为国际主义事业服务的最佳方式就是合作推动某种利生的工作。

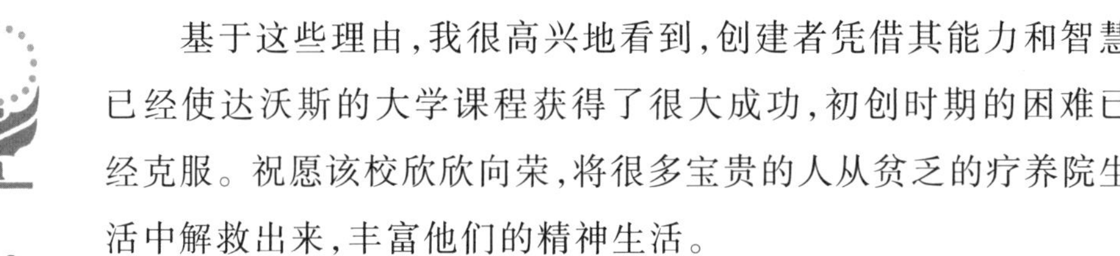

基于这些理由，我很高兴地看到，创建者凭借其能力和智慧已经使达沃斯的大学课程获得了很大成功，初创时期的困难已经克服。祝愿该校欣欣向荣，将很多宝贵的人从贫乏的疗养院生活中解救出来，丰富他们的精神生活。

# 在洛伦兹墓前的讲话

洛伦兹（H.A.Lorentz）是这个时代最伟大、最高尚的科学家，我谨代表德语学术界尤其是普鲁士科学院，但首先是作为学生和深挚的仰慕者站在他墓前。他的天才思想照亮了从麦克斯韦的理论通往当代物理学成就的道路，并为今天的物理学奠定了重要的基石和方法。

洛伦兹的人生直到每一个细节都像一件精致优雅的艺术品。他一向乐善好施，极富正义，对人世敏于洞察，这使他在涉足的任何领域都成为领导者。人人都乐意跟随他，因为感觉他不求统治，只求服务。他的工作和榜样将会激励世世代代继续前行。

# 洛伦兹对国际合作事业的贡献

19世纪以来,科学研究日益专业化。在此背景下,很少有某一门科学的顶尖学者同时还能在国际组织与国家政治方面为社会做出可贵的贡献。做出这些贡献不仅要有能力、眼光以及杰出成就所带来的名声,还要摆脱民族偏见,致力于人类的共同事业,这在当今的时代已不多见。据我所知,只有洛伦兹能将所有这些品质完美地集于一身。洛伦兹的人格颇有一些魅力:独立和倔强是学者的共同天性,学者们不愿屈从于他人的意志,往往只是勉强接受他人的领导。然而在洛伦兹担任主席期间,他所营造的氛围总能让人愉快地合作,无论与会人员的目标和思维习惯有多么不同。其成功秘诀不仅在于洛伦兹对人和事敏于洞察,对语言有高超的驾驭能力,更重要的是大家都能感觉到,他全身心扑在事业上,一旦进入工作状态,就把其他一切抛到脑后。能让倔强者消除敌意的莫过于此。

战争爆发之前,洛伦兹的国际关系活动仅限于主持物理学家的一些会议,其中最著名的是索尔维会议,前两届于1901年和1902年在布鲁塞尔召开。接着,欧洲战争的爆发使所有心系人类关系改善的人遭遇重大打击。无论是战争结束之前还是之后,洛伦兹都投身于国际和解工作,尤其致力于在学者和科学团体之间重新建立富有成果的合作。外人很难想象这项工作多么艰难。战争期间的积怨尚未消除，许多有影响力的人物迫于形势压力又拒不和解。洛伦兹就像一位医生，在与执意不肯吃药的顽固病人打交道。

不过，一旦认识到某条道路是正确的，洛伦兹就会勇往直前，绝不退却。战争刚一结束，他便参与领导了“研究委员会”（*Conseil de recherche*）。该组织由战胜国的学者创立，同盟国的学者和学术机构则被拒之门外。洛伦兹此举得罪了同盟国学术界，但其目的在于对该机构施加影响，使之真正具有国际性。经过不懈努力，他和其他一些正义之士终于将冒犯性的排除条款从“研究委员会”的章程中拿掉。然而，恢复学术团体之间富有成果的正常合作的目标尚未实现，因为在近十年的时间里，几乎所有国际科学会议都把同盟国学术界拒之门外，被触怒的同盟国学术界已经养成了不与人来往的习惯。不过，凭借着为美好事业奋斗的一腔热情，洛伦兹巧妙地开展了工作，现在看来可望很快破冰。

洛伦兹还以另一种方式为国际文化事业做出了贡献，他同意为“国际联盟知识合作委员会”（League of Nations' Committee of Intellectual Cooperation）效力。这一机构成立于大约5年前，时任主席是柏格森，去年则由洛伦兹担任主席。在其附属机构巴黎研究院的鼎力支持下，该委员会成为不同文化圈知识与艺术活动的桥梁。在这里，洛伦兹那智慧、谦逊而又富于同情的人格也将把人们引上正确的道路，他那未曾明言但忠实履行的原则是：“不求统治，但求服务。”

愿洛伦兹的榜样能使那种精神发扬光大！

# 创造者洛伦兹及其人格

世纪之交的时候，各国的理论物理学家都把洛伦兹看成他们当中的领导者，这是理所当然的。然而，当今的物理学家大都没有充分意识到洛伦兹对于理论物理学基本概念的塑造所起的决定性作用。之所以出现这种怪事，是因为洛伦兹的基本观念已经在相当程度上成为大家观念的一部分，以致很难意识到这些观念是多么大胆，以及它们如何简化了物理学的基础。

当洛伦兹开始其创造性的科学工作时，麦克斯韦的电磁学理论已经取得最终的胜利。但该理论的基本原理包含着一种独特的复杂性，导致理论的关键特征无法清晰地呈现出来。虽然场的概念的确已经取代了超距作用概念，但电场和磁场尚未被看成原初的东西，而是被看成了后来被当作连续体来处理的有重物质的状态。结果，电场被分解为电场强度矢量和电介质位移矢量。在最简单的情况下，这两种场以介电常数联系在一起，但原则上被当作独立的东西来处理。对磁场的处理也是类似。与这种基本观念相一致，真空被当作有重物质的一种特殊情况来处理，此时场强和位移之间的关系碰巧特别简单。特别是，根据这种解释，我们不能设想电场和磁场与被视为场的载体的物质的运动状态无关。

对麦克斯韦电动力学的这种当时流行的解释，可见于赫兹（H. Hertz）对运动物体电动力学的研究。

洛伦兹对该理论作了决定性的简化。他非常一致地将其研究建立在如下假说之上：

电磁场存在于真空中，只包含**一个**电场矢量和**一个**磁场矢量。这种场是由原子式的电荷产生的，而场又反过来将有质动力（ponderomotive forces）施加于电荷。电磁场与有重物质之间唯一的关联产生于这样一个事实，即基本电荷牢固地附着在原子式的物质粒子上。对于这种物质粒子，牛顿运动定律是成立的。

在这个简化的基础上，洛伦兹建立起一种完备的理论，解释了当时已知的所有电磁现象，包括运动物体的电动力学现象。经验科学中极少有这种一致、明晰和美妙的工作。在此基础上不作额外假定就不能完全解释的现象只有著名的迈克尔逊-莫雷实验。若不是把电磁场定位于真空中，就不能设想这个实验会引出狭义相对论。事实上，关键步骤正是把电磁学归结为真空或（当时所说的）以太中的麦克斯韦方程。

洛伦兹甚至还发现了后来以他的名字命名的“洛伦兹变换”，尽管没有认识到它的群特征。在他看来，真空中的麦克斯韦方程只适用于一个特殊的坐标系，该坐标系因其静止状态而区别于其他一切坐标系。这种状况实在悖谬，因为该理论对惯性系的限制似乎比经典力学更强。从经验的观点看，这似乎完全没有道理，它必定会引出狭义相对论。

感谢莱顿大学的慷慨，我经常到那里同我的挚友保尔·埃伦菲斯特（Paul Ehrenfest）小聚，因此常有机会聆听洛伦兹讲课，这些课程是他退休后定期给少数年轻同事开的。从他卓越的心灵中流出的东西总是如艺术杰作一般清澈美妙，那种平易流畅的表述是我在任何人那里都没有感受过的。

我们年轻人即使只认识到洛伦兹心灵的崇高，就已经非常钦佩和尊敬他了。然而当我想起洛伦兹时，所感受到的还远不止于此。在我的人生中，他对我个人的意义超过了所有其他人。

和对物理学和数学形式的驾驭一样，他对自己的驾驭也是轻松自如的。他完全没有平常人的那些弱点，但从不会让人有压迫感。大家都觉得他很卓越，但谁都不会因此而感到压力。对于人世，他虽然并未心存幻想，但对每个人和每件事都充满善意。他从未给人专横的印象，而总是服务和助人。他勤勤恳恳，认真尽责，但又不过分看重任何东西；一种微妙的幽默守护着他，这从眼神和微笑中可以流露出来。与此相应，他尽管完全投身于科学，但深信我们的理解力无法洞彻事物的本质。直到晚年，我才能完全理解这种怀疑与谦卑参半的态度。

尽管作了诚恳的尝试，但我发现语言——至少是我的语言——无法道尽这篇短文的主题。因此，我想引用洛伦兹让我印象特别深的两句话作结：

“我幸而属于这个国家，它太小了，干不出什么大蠢事。”

在第一次世界大战期间，有人想说服他相信，人类的命运取决于强权和武力，对此他答道：

“或许您说得对，但我不想生活在这样的世界里。”

# 约瑟夫·波佩尔-林凯乌斯

约瑟夫·波佩尔-林凯乌斯（Josef Popper-Lynkeus）不仅是才华横溢的工程师和作家，也是少数秉持时代良心的杰出人物之一。他反复提醒世人，社会要对每个人的命运负责，而且还向我们表明，如何让社会落实应尽的义务。他不迷信社会或国家，认为社会在有权要求个人做出牺牲之前，必须先给个人提供和谐发展的机会。

# 贺阿诺德·柏林内尔七十寿辰

借此机会,我想告诉我的朋友阿诺德·柏林内尔(Arnold Berliner)和本刊读者,为何我对他的为人和工作评价如此之高。之所以要做这件事情,是因为现在不讲便没了机会;平日里接受的客观训练导致我们把任何有关个人之事都视为禁忌,只有碰到今天这样的特殊场合,我等凡人才能有所僭越。

随意唠叨几句之后,现在让我们回到客观性。科学研究领域已经大为扩展,各门科学的理论知识也日益深奥。但人类理智的融通能力还非常有限,因此个人的研究活动不可避免地会局限在越来越小的知识领域。更糟糕的是,由于这种专业化,现在即使要对科学的全貌做出概要的了解也越来越困难了。若缺乏这种了解,真正的研究精神势必会受到损害。这种情况很像《圣经》中记载的巴别塔的故事。每一位严肃的科学工作者都痛苦地意识到,自己被迫流放到一个日益狭窄的知识领域,原本视野广阔的研究者有可能沦落到匠人的层次。

我们都曾深受其害,却未努力减轻它。但柏林内尔却在德语世界挺身而出,以极可钦佩的方式作了补救。他知道,现有的科普杂志足以教导和鼓励外行,但他也意识到,为了让科学家了解科学的问题、方法和成果有什么发展,以形成自己的判断,需要一份专为科学家提供信息的内容均衡的刊物。经过多年辛苦努力，他以极大的才智和决心致力于这个目标，为我们大家和科学奉献着，对此我们怎样感激都不为过。

他需要争取卓有成就的科学家共同合作，提醒他们注意表达方式，让非专业读者也能看懂。他时常告诉我，为了实现这个目标，他可没少费工夫。他用下面这个谜语来形容遇到的困难："问：什么是科学作者？答：是含羞草与豪猪的混合体。"柏林内尔之所以能够做出今天的成就，是因为他始终强烈渴望清晰全面地了解尽可能广大的科学研究领域。在这种感情的驱使下，他也写了一本物理教科书，这是他多年辛劳的成果。有一位学医的学生曾跟我谈起这本书，他说："倘若没有这本书而任凭自己摸索，我真不知道如何才能弄清楚现代物理学的原理。"

柏林内尔力求清晰全面地看待科学，使科学的问题、方法和成果在很多人那里焕发了生机。在当今时代，若是没有他的刊物，科学生活简直无法想象。使知识活起来并且保持生气，其重要性绝不亚于解决具体的问题。

# 向萧伯纳致敬

今天，看到同时代人的弱点和愚蠢，很少有人能够保持足够的独立性而不受其影响。在这寥寥无几的人当中，面对众人的顽固执拗仍能积极处理好事情者更是少之又少。只有极少数人能以幽默风雅吸引住同时代人，并通过不受个人情感影响的艺术向其真实地反映生活。今天，我要向这位最精通此法的大师致以真诚的敬意，感谢他寓教于乐，使我们所有受益。

# 伯特兰·罗素和哲学思想

当编者要我就罗素写点东西时,出于对这位作者的钦佩和尊敬,我立刻答应了下来。阅读罗素的作品使我度过了无数愉快的时光,除了托尔斯坦·凡勃伦(Thorstein Veblen),我对当代任何其他科学作家都不能这样说。然而,我很快就发现,承诺容易履行难。我已经答应谈谈作为哲学家和认识论者的罗素。起初我满怀信心,但很快就意识到,我冒险进入的是一个多么难以处理的领域。由于缺乏经验,此前我一直小心地局限在物理学领域。物理学的当前困难迫使物理学家比前人更深入地应对哲学问题。主要是出于对这些困难的关注,我采取了本文中概述的立场,不过这里我并不打算讨论这些困难。

数个世纪以来,在哲学思想的演进过程中,下面这个问题起了重要作用:纯粹思维不依靠感知能够提供什么知识?是否存在这样的知识?如果不存在,我们的知识与感觉印象所提供的材料之间究竟是什么关系?对于这些问题以及与之密切相关的一些疑问,哲学上可谓聚讼纷纭。不过,在这个相对徒劳但却奋勇向前的努力过程中,可以看到一种系统性的发展趋势,那就是:对于用纯粹思维去认识"客观世界",认识那个与纯粹"概念和观念"世界相对的"事物"世界的一切尝试,人们越来越心

存疑虑。顺便说一句,我像真正的哲学家一样,这里用引号来引入一种不合法的概念。虽然在哲学督察眼里这种概念是可疑的,但还是请读者暂时容忍一下。

在哲学的童年时代,人们普遍相信,通过纯粹的反思就可以发现一切可知的东西。任何人只要暂时不去考虑他从后来的哲学和自然科学中所学到的东西,就不难理解这是一种幻想;他不会感到惊讶,柏拉图把更高的实在性归于“理念”,而不是归于可经验的东西。甚至在斯宾诺莎乃至后来的黑格尔那里,这种偏见仍然是一种活跃的力量,似乎起着重要作用。诚然,有人可能会提出一个问题:若是缺乏这类幻想,哲学思想领域是否可能取得真正伟大的成就?不过,我们并不想问这个问题。

这种关于思维的无限洞察力的幻想比较贵族化,与之相对,素朴实在论的幻想则比较平民化。按照素朴实在论的看法,事物“就是”我们经由感官所知觉的那个样子。这种幻想支配着人和动物的日常生活,它也是一切科学尤其是自然科学的出发点。

这两种幻想无法独立地克服。克服素朴实在论向来比较简单。罗素在其《意义与真理的探究》(*An Inquiry into Meaning and Truth*)的导言中非常简洁地刻画了这个过程。

> 我们都是从“素朴实在论”出发的,这一学说认为,事物就是它们看起来的那个样子。我们以为草是绿的,石头是硬的,雪是冷的。但物理学使我们确信,草的绿、石头的硬和雪的冷并不是我们从自身经验中知道的绿、硬和冷,而是某种非常不同的东西。一位观察者自以为在观察一块石

> 头，但如果相信物理学，那么他实际上是在观察石头对他本人的作用。于是，科学似乎自相矛盾：当它最希望客观的时候，却发现不由自主陷入了主观。素朴实在论引出了物理学，而若物理学正确，却表明素朴实在论是错误的。因此，如果素朴实在论是正确的，它就应该是错误的；所以它是错误的。（pp. 14–15）

且不说这些表述如何精妙，它们说出了我从未想过的一些东西。从表面上看，贝克莱和休谟的思维方式似乎与自然科学的思维方式相对立。然而，刚才引用的罗素这段话却揭示了一种联系：如果贝克莱相信，我们凭借感官并不能直接把握外在世界的“事物”，只有与“事物”的存在有因果关系的事件才能到达我们的感官，那么正是由于我们信任物理的思维方式，这种想法才有说服力。如果对物理思维方式最一般的特征也表示怀疑，那么就没有必要在客体与视觉行为之间插入任何东西把客体与主体分开，而使“客体的存在”成了问题。

然而，正是这种物理思维方式及其实际的成功，让我们动摇了那种以为通过纯粹思辨就能理解事物及其关系的信心。人们逐渐认为，对事物的一切认识都完全是对感官所提供的原材料的加工。今天，以这种笼统的（而且故意表述得有些含混的）形式表达出来的这句话也许已被广泛接受。但这种信念并非基于一个假定，即有人已经实际证明不可能通过纯粹思辨来认识实在，而是基于这样一个事实，即经验（上述意义上的经验）程序表明，它自身已足以成为知识的来源。伽利略和休谟率先明确支持了这一原则。

休谟看到，我们必须认为必不可少的那些概念，比如因果关系，无法从感官提供的材料中获取。这种洞见使他对无论哪种知识都持怀疑态度。如果读过休谟的著作，你一定会感到惊讶，在他之后居然还有很多而且往往是备受尊敬的哲学家写出这么多晦涩难解的东西，甚至还有读者为此而心怀感激。休谟对他之后最优秀哲学家的发展产生了持久的影响。阅读罗素的哲学分析会让人感到休谟的存在，罗素敏锐而简洁的表达常常让我想起休谟。

对于可靠的知识，人们有着强烈的渴望。正因如此，休谟的明确主张才让人感到沮丧：感觉材料作为我们唯一的知识来源，经由习惯也许能给我们带来信念和期望，但那不是知识，更不是对定律关系的理解。接着，康德带着这样一种观念登上了舞台，虽然他所给出的形式肯定是站不住脚的，但这种观念仍然标志着向解决休谟难题迈进了一步，这个难题是：凡起源于经验的知识都是不确定的（休谟）。因此，如果有确实可靠的知识，那它必定基于理性本身。例如，几何命题和因果原理就被认为是这种情况。可以说，这种类型的知识是思维工具的一部分，因此不需要事先从感觉材料中获得（也就是说，它们都是先验知识）。今天当然大家都知道，上述概念并不包含康德赋予它们的那种确定性和内在必然性。不过在我看来，在康德对该问题的表述中，有一点是正确的：从逻辑的观点看，我们在思考时有“权利”使用一些无法从感觉经验材料中获得的概念。

事实上，我确信甚至可以断言更多的东西：在我们的思维和语言表达中出现的概念，从逻辑上看都是思维的自由创造，无法从感觉经验中归纳出来。我们之所以不容易觉察到这一点，仅仅是因为我们习惯于将某些概念和概念关系（命题）同某些感觉经验明确结合起来，以致没有意识到，感觉经验的世界与概念和命题的世界之间存在着一条逻辑上无法逾越的鸿沟。

例如，整数序列显然就是人类心灵的一种发明，这种自创的工具简化了对某些感觉经验的整理。但这个概念无法直接从感觉经验中产生。这里我特意选择数的概念，是因为它属于前科学思维，还因为其构造性特征仍然清晰易辨。不过，越是日常生活中最原始的概念，就越难从大量根深蒂固的习惯中认识到，这种概念乃是思维的独立创造。于是就有了一种致命的看法——所谓致命是指了解这里的情况而言——认为概念是通过“抽象”（忽略它的一部分内容）而从经验中产生的。现在我想说明，为什么这种看法是如此致命。

一旦熟悉休谟的批判，就很容易相信，所有不能从感觉材料中导出的概念和命题，因其具有“形而上学”特征，都要从思维中清除。因为一切思维只有通过与感觉材料的关系才能得到物质内容。我认为后一命题是完全正确的，但以此命题为基础的思维准则却是错误的。因为只要彻底贯彻这种主张，就会把任何思想都当作“形而上学的”而绝对排除掉。

为使思考不致退化为“形而上学”或空谈，只要概念体系中有足够多的命题与感觉经验有足够可靠的关联即可。同时，鉴于需要对感觉经验加以整理和考察，概念体系应尽可能统一和简洁。不过除此之外，这种“体系”（就逻辑而言）不过是按照（逻辑上）任意给定的游戏规则对符号进行自由操弄罢了。这既适用于日常生活中的思考,也适用于更加自觉和系统的科学思考。

现在,我下面说法的意思就很清楚了:休谟用清晰的批判不仅决定性地推进了哲学,而且也为哲学造成了一种危险。虽然这并非他之过,但在他批判之后,产生了一种致命的“对形而上学的恐惧”,它已成为当代经验主义哲学的疾病;与这种疾病相对立的是早期虚无缥缈的哲学推理,认为可以忽视和摆脱感官所给予的东西。

无论罗素在其新著《意义与真理的探究》中给出的敏锐分析多么令人钦佩,我仍然认为,即使在那本书中,形而上学恐惧的幽灵也造成了某种伤害。比如在我看来,这种恐惧似乎导致人们把“事物”设想成“一捆性质”,而这些“性质”必须从感觉材料中获得。如果两个事物所有性质都一致,就说它们是同一个事物,这就迫使我们把事物之间的几何关系也看成它们的性质。（否则就不得不把巴黎的埃菲尔铁塔和纽约的摩天大楼[如果建成一模一样的]看成“同一个事物”了。）[①]然而,如果把事物（物理学意义上的客体）当成一个独立的概念,连同固有的时空结构一起放入这个体系,我看不出有什么“形而上学的”危险。

鉴于这些努力,我特别高兴地注意到,罗素在该书的最后一章终于指出,没有“形而上学”毕竟是不行的。那里我反对的仅仅是其字里行间流露出的一种理智上的内疚。

① 试比较罗素的《意义与真理的探究》第119—120页讨论“专名”的一章。

# 记　者

让一个人为自己的言行公开做出解释，哪怕只是开开玩笑、情绪过激或一时气话，也许会令人尴尬，但至少是合情合理的。但如果让一个人对别人以他的名义所说的话也公开做出解释，而这人又无法辩驳，那他的下场就惨了。你也许会问："谁会碰到这种倒霉事呢？"嗯，那些被记者们穷追不舍的公众人物就是。你也许会面露狐疑，一笑了之，但我自己就有许多亲身经历可以说给你听。

试想某天早晨，有位记者来访，友善地请你谈谈某位朋友。起初，你无疑会对这项建议心生不快，但很快你就会发现，自己已经别无选择。你若是缄口不言，记者就会这样写："据称某人是某某的挚友，我让他谈谈朋友的情况，而他却小心翼翼地拒绝了。单凭这一点，读者们就不难从中得出结论。"你看，你真的是无路可走，只好说："某某先生开朗直率，甚得朋友喜欢。凡事他都能往好处去想，进取心强，异常勤奋，对工作全力以赴。他深爱自己的家人，对妻子关怀备至……"

而经过记者的润色，这段话就成了这个样子："某某先生对一切事情都满不在乎，总有办法讨人喜欢，特别是因为他精心练就了一套迎合和让人开心的本事。他完全是工作的奴隶，没有时间考虑个人以外的事情。他把老婆宠坏了,对她百依百顺、言听计从……”

现实生活中的记者更会添油加醋,但我想这已经足够你和你的朋友消受了。无论你的朋友平日里多么宽厚可爱,他要是在第二天一早读到这类报道,不火冒三丈才怪。他所受到的伤害会让你痛苦不已,特别在你真正喜欢他的时候。

亲爱的朋友,遇到这样的事情,你会怎么做呢?如有什么良策,请不吝赐教,我一定马上照办。

# 贺某批评家

用自己的眼睛去观察，在感觉和判断上不人云亦云，能以优雅的句子甚至巧妙的词来表达自己的所见所感，这不是了不起又是什么呢？就凭这一点，我便要向您道贺了。

# 我对美国的最初印象

我必须信守诺言，谈谈我对这个国家的印象。这对我来说并不容易，因为我在美国的时候，受到了盛情难当的友好款待，这使我很难充当一个客观公正的观察者。就让我先从这一点谈起吧。

在我看来，个人崇拜总是不合理的。人的天资禀赋固然分配得并不均衡，但感谢上帝，天赋异禀的人不在少数，我深信他们大都过着宁静淡泊的生活。从这些人当中挑出几个加以无止境的赞颂，认为他们具有超人的思想和品质，我觉得这很不公平，甚至品味低劣。我的命运就是如此，大众高估了我的能力和成就，与实际情况的反差简直大得荒谬。意识到这种奇特的状况令人无法忍受，聊以告慰的是，在这个通常被斥为物质主义的时代，将毕生致力于思想和道德领域的人看成英雄，算是一个可喜的迹象。这表明有不少人把知识和正义看得比财富和权力更高。经验告诉我，在被谴责为物欲横流的美国，这种理想主义看法特别盛行。说完这些题外话，现在让我言归正传，希望读者勿要对我这番谦卑的评论太过在意。



首先使访客感到惊异的是这个国家在技术和组织上的优势。其日用品要比欧洲坚固耐用，房屋设计也实用得多，一切东西的设计都是为了节省人力。美国自然资源丰富，相比之下地广人稀，因此劳动力昂贵。在这种激励下，技术装备和工作方法得到了惊人的发展。人口过盛的中国或印度是另一个极端，那里廉价的劳动力阻碍了机器的发展。而欧洲则处于两者之间。机器一旦充分发展起来，最终会比最廉价的劳动力还要便宜。欧洲的法西斯主义者应当留意这一点，他们出于狭隘的政治立场，希望看到自己国家的人口更为稠密。而美国却忧心忡忡地通过禁止性关税来抵御外国商品，这无疑同一般形象大异其趣。……但不能指望一个天真的访客用脑过度，每个问题也未必都能做出合理的回答。

积极愉快的人生态度同样给访客留下了深刻的印象。照片上人们脸上洋溢的笑容象征着美国人的一大优点。美国人友好、自信、乐观而不易心生嫉妒。欧洲人觉得与美国人交往轻松而愉快。



与美国人相比，欧洲人更爱批评，比较在意自己，不太热心和乐于助人，比较孤立，在阅读休闲上更加挑剔，一般来说多少有些悲观主义倾向。

美国人很重视物质上的舒适，为此不惜牺牲平静、闲适和安全。与欧洲人相比，美国人更为自己的目标和未来而活。对美国人来说，生活总是变动不居而不是一成不变的。在这方面，欧洲人介于美国人和俄国人、亚洲人之间。

但有一个方面，美国人比欧洲人更像亚洲人，那就是从心理层面而非经济层面来看，欧洲人比美国人更个人主义。

美国人强调“我们”甚于强调“我”。这自然会使风俗习惯极为强大，让美国人的人生观、道德观和审美观比欧洲人一致得多。这是美国经济强于欧洲的主要原因。无论在工厂、大学还是私人慈善机构，合作分工都比欧洲更容易推动。这种社会意识也许部分缘于英国传统。

与此明显矛盾的是，与欧洲相比，美国政府的作用范围受到更多限制。欧洲人惊奇地发现，在美国，电报、电话、铁路和学校主要掌握在私人手中。我刚才提到美国人拥有更强的社会意识，正是它的一个原因。这种态度的另一个结果是，虽然财产分配极度不均，却并未导致无法忍受的苦难。在美国，富人的社会良知要比在欧洲发达得多。他们认为自己有义务把很大一部分财产甚至常常连同其精力干劲交由社会支配。强大的舆论也强令他们这样做。因此，最重要的文化功能可留给私人企业去实现，政府在这个国家所起的作用相对来说就非常有限了。



政府的威信无疑因禁酒令而大打折扣，因为通过这种无法执行的法律最能危及政府和法律的尊严。美国犯罪率的急速增加便与此密切相关，这已是公开的秘密。

在我看来，禁酒令还从另一个方面损害了政府的威信。酒馆原本是一个使民众有机会就公共事务交流意见观点的地方。然而就我所见，这个国家缺乏这样的机会，结果导致多由既得利益集团控制的报刊对舆论有过度的影响力。

美国人比欧洲人更看重金钱，不过我觉得程度正在减弱。人们终于开始认识到，巨额财富对于幸福如意的生活并非必要。

在艺术方面，现代建筑和日常用品所显示的良好品味给我留下了深刻的印象；另一方面我也发现，与欧洲相比，造型艺术和音乐在美国人的生活中不占有什么位置。

我非常钦佩美国科研机构所取得的成就。若将美国研究工作持续增长的优势完全归功于更多的经费,那是不公平的;专注、耐心、伙伴精神以及善于合作对于这些成就的取得起着重要的作用。

最后再谈一点。美国是在当今世界上技术先进的国家中最强大的,它对国际关系的塑造起着无法估量的影响。美国是一个大国,但迄今为止,美国人对于重大的国际问题尚未表现出很大兴趣,如今首当其冲的就是裁军问题。即使只为美国自身的利益着想,这种情况也必须改变。上一次世界大战已经表明,大陆之间不再有任何壁垒,今天所有国家的命运都紧密相连。因此,美国人必须意识到自己在国际政治领域负有重大责任。袖手旁观不仅与这个国家不相称,而且终会导致全世界的灾难。

# 答美国妇女

我从未遇到过来自女性的如此强烈的抗议；即使有，也从未一次遇到过这么多反对者。

然而，这些心怀警惕的女性公民做得不是很对吗？谁会愿意给这样一个人敞开大门呢？他就像克里特岛的牛头怪吞食可口的希腊少女一样吞食冷酷无情的资本家，何况这个人还如此低贱，以至于除了与妻子发生不可避免的战争之外，还极力反对一切形式的战争。听从你们这些聪明的爱国妇女的建议吧，别忘了，强大的罗马城就曾被它那忠诚的鹅的嘎嘎乱叫拯救了。

# 二　政治与和平主义

# 和　　平

以前的有识之士都知道维护世界和平的重要性。然而随着技术的进步,对于今天的人类文明而言,这个道德假定已经成了一个生死攸关的问题。积极推动解决和平问题,成为每一个有良知的人都无法推卸的道德责任。

必须清楚地认识到,那些参与武器制造的工业列强,正在各国极力阻挠以和平方式解决国际争端;此外,只有赢得大多数民众的有力支持,统治者们才能实现这一重要目标。在这个民主政治的时代,国家的命运掌握在民众自己手中,每个人都要永远牢记这一点。

# 消除战争威胁

在制造原子弹的过程中，我只参与了一件事：我签署了一封致罗斯福总统的信，强调需要进行大规模实验以探索制造原子弹的可能性。

我完全明白，万一这种努力取得成功，那将对人类造成可怕威胁。但我不得不迈出这一步，因为德国人也在研究同样的问题，而且有可能成功。那时我只能这样做，尽管我一直是坚定的和平主义者。我认为，战争中杀人丝毫不比通常的谋杀更好。

然而，只要各国没有下决心共同行动来消除战争，并且在法律基础上通过和平决议来化解冲突和保护利益，它们就会感到必须为战争做准备。为了不在普遍的军备竞赛中落后，它们不得不准备一切可能的、甚至是最可恶的武器。这条道路必然导向战争，在今天的条件下则意味着全部毁灭。

在这种情况下，与**武器**作斗争是无济于事的，唯有彻底消除战争和战争威胁才能有所帮助。这是人人都应为之奋斗的目标。必须下定决心，不要被迫做任何违反这个目标的事情。一个人意识到自己对社会的依赖，这是一项很高的要求，但并非不可能达到。

甘地是这个时代最伟大的政治天才,他已经指明了道路。他表明,一旦找到正确的道路,人能够做出多大的牺牲。他为印度解放事业所做的贡献生动地证明,受坚定信念支持的意志要比看似不可战胜的物质力量更强大。

# 和平主义问题

女士们、先生们：

很高兴能有机会就和平主义问题谈谈自己的看法。近年来的事件发展再次表明，将反对军备和武力的斗争交给政府是多么失策。另一方面，虽然成立了一些有众多成员的大型机构，但仅凭这一点对于我们目标的实现帮助甚微。在这种情况下，我认为最好的办法是强行拒绝服兵役，并让有关机构在物质和道义方面给予各国反战勇士以支持。这样一来，我们便有可能让和平主义问题变得尖锐，使之成为一场可以感召强大精神的真正斗争。这场斗争并不合法，但却是一场反对政府、争取真正权力的斗争，正是政府迫使民众采取了这种不合法的行动。

许多自认为优秀的反战人士会基于爱国主义理由而不参与这种彻底的和平主义。在危急时刻，这些人是指望不上的，世界大战已经充分证明了这一点。

衷心感谢大家给我这个机会，让我能够发表自己的看法。

# 在学生裁军集会上的讲话

前几代人赠予了我们一份极为宝贵的礼物，那就是高度发达的科学技术。我们的生活因此可能比以往任何一代都要自由和美好。但这份礼物也给我们的生存带来了前所未有的危险。

文明人类的命运比以往任何时候都更依赖于我们的道德力量。因此，我们这个时代面临的任务一点不比前几代人完成的任务更轻松。

如今，生产食品和消费品所需的劳动时间比过去少得多。但劳动和产品的分配问题却比过去困难得多。我们都感到，经济力量的自由运作，个人对财富权力不加控制和约束的追求，无法使这些问题自动得到妥善的解决。必须将商品生产、劳动力使用和产品分配以明确的计划组织起来，才能不浪费宝贵的生产性劳动力，大部分民众才不致陷入贫困和道德败坏。

不加限制的“神圣利己主义”（*sacro egoismo*）会给经济生活带来可怕的后果，用它来指导国际关系就更糟糕了。随着军事技术的发展，如果不能及时找到防止战争的办法，人类的生活将变得无法忍受。与这个目标的重要性相比，迄今为止所作的努力还非常不够。

人们试图通过限制军备和对战争做出限制性规定来减轻危

险。但战争不是社交游戏,参与者不会老老实实地遵守规则。在生死攸关之际,规则和义务不起任何作用。只有无条件地拒绝战争,才能有用。仅仅创立一个国际仲裁法庭是不够的,还必须有条约来确保该法庭的裁决能够得到所有国家的切实执行。倘若没有这种保证,各国绝不敢真的裁军。

例如,假定美、英、德、法政府以经济抵制相威胁,要求日本政府立即停止在中国的战争行动,大家认为日本政府会无视命令,让自己的国家陷入危险境地吗?那么,为何不这样做呢?为什么每个人和每个国家都要为了生存而担惊受怕呢?因为大家都在追求自己可怜的眼前利益,而不是首先致力于整个社会的幸福与繁荣。

因此我一开始就说,今天人类的命运比以往任何时候都更依赖于道德力量。要想生活得幸福快乐,就必须通过克己和自我约束。

这种发展的力量从何而来呢?只能来自这样一些人,他们年少时便有机会以学习来磨练心志和开扩视野。因此,我们老一辈人正寄望于你们,努力完成我们未竟之事。

# 义务兵役制

与其允许德国也实行义务兵役制，不如让所有国家将其废止。今后只允许雇佣军存在，其规模和装备也应提交日内瓦大会讨论。对法国来说，这也比眼睁睁看着德国实行义务兵役制更有利，因为这样一来便可避免军事教育对人心理的致命影响，以及与之相关的对个人权利的剥夺。

若两国同意以强制仲裁的方式来解决与双边关系有关的一切争端，则将双方的雇佣军机构合并成一个由混合兵团组成的机构就要容易得多。对于双方来说，这意味着减轻财政负担和获得安全保障。这种合并过程可以逐渐扩大，最后形成一个"国际警察"组织，而随着国际安全的增加，该组织必定会逐渐式微。



您是否愿意与我们的朋友一起讨论这项建议？当然，我绝不会强求大家都同意它。但我认为的确需要提出一个积极主动的方案，单纯防御性的建议不大可能产生实际效果。

# 致西格蒙德·弗洛伊德

尊敬的弗洛伊德先生：

您探求真理的热情已经超越了其他一切渴望，这真是让人敬佩。您以无可辩驳的清晰性表明，在人的心灵中，好斗和破坏的本能与爱和生的本能密不可分地结合在一起。但与此同时，那些令人信服的论证也表明，您对一项伟大的目标怀有深切的渴望，那就是使人类的身心都从战争中解放出来。一切超越自己的时代和国家而被尊为道德精神领袖的人，都曾怀有这种深切的渴望，从耶稣到歌德和康德皆是如此。他们对人类事务进程的改变固然成效有限，但却被公认为领袖，这难道不是意味深长的吗？



我深信，那些成就过人的伟人，即使是在较小的领域脱颖而出，也基本上会认同这一理想。但他们对政治的发展几乎没有什么影响力。看起来，这个决定各国命运的领域几乎不可避免会掌握在那些毫无顾忌、不负责任的政治统治者手中。

政治领袖或政府的地位部分来自武力，部分来自民众选举。不能认为他们就是各自国家思想道德境界最高的人的代表。今天，知识精英对于各国的历史没有任何直接影响；他们缺乏凝聚力，因此无法直接参与当前问题的解决。您难道不认为，如果一些成绩斐然、卓有才干而又真诚正直的人自由联合起来，或许会改变这种状况吗？这是一个国际性的团体，其成员需要经常交换意见以保持接触。通过将其态度亮明报端（在任何情况下，签名者都要负起责任来），这个团体或许会对政治问题的解决产生重要而有益的道德影响。当然，这样的团体可能染上常常导致学术社团退化的各种弊病，这种危险与人性的缺陷密不可分地联系在一起。但尽管如此，这种努力难道就不应冒险一试吗？我认为这种尝试恰恰是一种不可推卸的义务。

这样一个永久性的知识团体若能成立，定会努力动员宗教组织参加反战斗争。今天，许多人的善良意愿已经因为心灰意冷而消泯，对于这些人，该团体将会给予道义上的支持。最后我相信，由在各自领域德高望重的人组成的这样一个团体，对于国际联盟中那些同样致力于这一伟大目标的成员也会给予宝贵的道义支持。

我之所以要把这些建议向您而不是世上其他人提出，是因为您最不容易被自己的欲望所蒙骗，也因为您的批判性判断总是带有一种非常诚挚的责任感。

# 妇女和战争

依我之见，下次战争爆发时，应当把爱国妇女而不是男人送到前线。对于战场这个无限混乱、苦不堪言的地方，这至少也算新鲜事——比起攻击一个手无寸铁的平头百姓，何不让妇女同胞的这种大无畏情感得到更生动的使用？

# 致和平之友的三封信

## 一

据他人讲，出于对人类及其命运的关心，拥有伟大灵魂的您正在默默地做一件了不起的事情。亲眼观察和亲自用心感受的人为数不多，但正是这些人的力量决定了人类是否会重新陷入浑浑噩噩的状态，而今天许多受蛊惑的人竟然还把这种状态当作理想去追求。

有关国家也许很快就会看到，它们得牺牲多少自决权才能避免人与人的相互厮杀！事实证明，仅凭良知与国际精神的力量是不够的。目前，这种力量已经弱到得忍气吞声与文明最邪恶的敌人进行谈判。有种妥协看似政治智慧，实则是违反人性的犯罪。

我们不能对人类不抱希望，因为我们自己也是人。如今还有像您这样充满活力、诚实正直的人存在，实在是一种安慰。

## 二

坦率地说，和平时期还要征兵的国家发出这样的宣言，我认为是毫无价值的。你们的斗争必须以摆脱普遍兵役制为目标。毫无疑问，法兰西民族不得不为1918年的胜利付出沉重的代价，那场胜利在很大程度上导致法兰西民族陷入了这种最可耻的奴役。

愿你们在这场斗争中不懈努力。德国反动分子和军国主义者有一个强大的同盟。如果法国坚持普遍兵役制，将来就无法阻止它向德国蔓延。因为德国人终会得到平等权利；到那时，法国每有一个军事奴隶，德国就有两个军事奴隶，这肯定对法国不利。

只有彻底消灭义务兵役制，才可能在年轻人心中培养和解宽容、幸福人生和博爱众生等精神。

我相信，若同时有五万人出于良心的动机而拒绝服兵役，那种力量将势不可挡。在这方面个人很难起什么作用，我们也不希望看到，我们当中最优秀的人被那种背后潜藏着愚昧、恐惧和贪婪这三大力量的机器所绞杀。



## 三

您在信中所讲的观点非常重要。军火工业的确是人类面临的最大危险之一。那种四处泛滥的民族主义背后所潜藏的正是这股邪恶势力……

国有化固然可能有所帮助，但很难界定应当把哪些工业包括进来。航空工业是否应该包括在内？金属工业、化学工业又该包括多少呢？

关于军火工业和战争原料的出口，多年来国际联盟一直想控制这种可憎的贸易，但收效甚微，这是人所共知的。去年我曾请教一位知名的美国外交家：为何不通过商业制裁，迫使日本终止其武力政策呢？他的回答是："我们的商业利益过于巨大。"若是满足于这种说辞，就根本没救了。

您以为我的一句话就能解决这方面的问题吗？纯粹是幻想！只要我不妨碍别人，别人便会奉承我。而一旦我努力的目标让他们感到不舒服，他们就会立刻翻脸，对我进行辱骂和诽谤，以维护自己的利益。对此，旁观者大都作壁上观、默不作声，真是懦夫啊！您有没有试验过自己同胞的政治勇气？大家默认的座右铭是"闲事莫管，闲话莫说"。请放心，我会按照您的意思尽力而为，但结果可能不会如您所愿。

# 积极的和平主义

能够亲眼见证弗兰德斯人组织的盛大的和平示威，真是幸运。我谨代表所有关心未来和有良好意愿的人士，向所有参加游行的人呼吁："值此反思和唤醒良知之际，我们感到与你们最深地联结在一起。"

毋庸讳言，不经过艰苦斗争，目前令人绝望的局势便不可能好转；因为真正下决心设法补救的人屈指可数，更多的人要么还在观望，要么误入歧途。此外，有意维持战争机器运转的势力还很强大，为了让舆论服从其杀戮目的，他们将无所不用其极。

今天的当权者似乎真想谋求永久和平的目标，但军备的持续扩充已经非常清楚地表明，他们无力对抗正在积极备战的敌对势力。在我看来，人民只能自己救自己。必须坚定支持全面裁军，才不致沦为兵役的奴隶。只要军队存在，任何严重的冲突都会导致战争。无论现在还是将来，不能积极反对国家武装的和平主义都是软弱无力的。

但愿民众的良知和健康感受能被唤醒，让生活再上一个新台阶。届时人们会把战争看成其祖先的精神失常，让人无法理解。

# 辞职信

尊敬的杜富尔-福隆斯（Albert Dufour-Féronce）先生：

对于您的友好来信，我绝不能置之不理，否则您可能会对我的态度产生误解。我决定不再去日内瓦参会，仅仅是因为：很遗憾，经验告诉我，整个委员会并未真正下决心要在改善国际关系方面取得实质性的进展。在我看来，它更像是体现了“做表面文章”（*ut aliquid fieri videatur*）的原则。在这方面，委员会甚至比整个国际联盟还要糟糕。

努力建立一个**高于国家**的国际仲裁调解机构，是我始终挂怀的一个目标，因此我才感到不得不离开委员会。

该委员会在各国设立的“国家委员会”成了各国知识分子与委员会沟通的唯一渠道，这等于认可了对各国文化少数族群的压迫。因此，就给予国家少数族群以道义支持、反对文化压迫而言，委员会是有意失职。

在反对各国教育的沙文主义和军事化倾向方面，委员会的态度也是不冷不热。因此，在这个至关重要的领域，不能指望它能有什么真正作为。

对于那些义无反顾地致力于维护国际秩序和反对军事制度的个人和组织，委员会也未能给予道义上的支持。

在成员任命上，明知有人倒行逆施，不去履行相关义务，委员会也允许其加入。

无需再有更多论证，由以上几点您肯定已经看出我去意已决。写起诉书不是我的事情，我只是在解释我的立场。您若是觉得本人还有留下的希望，放心吧，那肯定是错觉。

# 裁军问题

裁军计划之所以得不到实现,最大障碍在于人们普遍不了解这个问题的主要困难。大多数目标的达成都是渐进式的,民主制对君主专制的取代便是如此。但这里所讲的目标却无法渐进地达成。

只要战争的可能性依然存在,各国便会尽一切可能做好军事准备,以期赢得下一场战争的胜利。只要认为需要用好战精神让民众为战争做准备,就不免会用尚武传统来教育年轻人,培育其狭隘的民族虚荣心,让他们以好战精神为荣。武装意味着同意为战争而非和平做准备。因此,裁军不能逐步进行;要么一步到位,要么一事无成。

裁军对民众的生活影响深远,为实现这样一种深刻的转变,需要道德上的巨大努力,使人们有意抛弃那些根深蒂固的传统。冲突发生时,谁要是无意于让国家的命运无条件地服从国际仲裁法庭的裁决,并以条约的形式将这一点毫无保留地规定下来,谁便没有真正下决心避免战争。这是一个要么全有、要么全无的问题。

不可否认,迄今为止确保和平的努力都因为寻求不充分的妥协而失败了。

裁军和安全只有结合在一起才能实现。要使安全得到保障，所有国家都必须承担起执行国际裁定的义务。

因此，我们正站在历史的岔路口。是寻找和平之路，还是继续走那条与文明完全不相称的残忍暴力之路，决定权就在我们手上。一方面，个人自由和社会安全在召唤我们；另一方面，对个人的奴役和文明的毁灭在威胁着我们。今后的命运如何，全看我们的取舍了。

# 1932年裁军会议

## 一

请允许我以一则政治信条开篇，那就是：国家为人而设，人非为国家而活。对于科学也可以说出同样的话。这样的古谚只可能出自那些将人格视为最高人类价值的人。若不是这些话有可能彻底遭到遗忘，特别是在我们这个讲求制度、墨守成规的时代，我本不应重复提及。我认为国家最重要的任务是保护个人，使其有机会发展个人创造性。

也就是说，国家应当是我们的仆人，我们不应是国家的奴隶。一旦国家用暴力逼迫我们服兵役或上战场，国家便违反了这项准则，何况这种奴性兵役的目标和结果都是杀戮他国人民或干涉其自由发展。只有能够促进个人的自由发展，我们才会为国家做这种牺牲。这种看法对于每一个美国人来说也许是自明的，但对于欧洲人来说却并非如此。因此也许可以希望，反战斗争能在美国人那里得到强有力的支持。

现在让我们谈谈裁军会议。想到裁军会议，我们是该笑、该哭还是该心存希望呢？假定有一座城市，那里的居民性情暴躁、言不由衷、争吵不休、人人自危，严重的障碍使一切健康发展都变得不可能。市政府希望改善这种糟糕的状况,而所有政府顾问和市民都坚持继续随身携带刀具。经过数年准备,市政府终于决定妥协,但提出一个问题:出门时随身携带的刀具应该多长和多锋利?当然,只要那些机智的市民不通过立法、法庭和警方来禁止使用刀具,一切都会是老样子。无论对刀具的长短、利钝作何种规定,得利的都只是好勇斗狠之人,弱者只能任其摆布。大家都明白这则比喻的意思。不错,我们是有国际联盟和仲裁法庭,但前者不过是个开会的地方,后者则无法强制执行自己的决议。倘若某个国家受到攻击,这些机构并不能为其提供安全保障。记住这一点,你对法国拒绝在没有安全保障的情况下进行裁军的态度便不会像通常那样严厉了。

除非让所有国家都同意限制自己的主权,并且联合起来抵制那些公然或暗中对抗仲裁法庭决议的国家,否则将永远无法摆脱当前那种恐怖的普遍无政府状态。没有任何办法可以让各国既拥有不受限制的主权,又拥有防止攻击的安全保障。还需要新的灾难发生,才能迫使各国履行被认可的国际法庭的每项决议吗?目前的事态发展让我们对不远的将来很难有什么奢望。但每一个心系文明与正义的人都应尽力向自己的同胞说明,所有国家都需要履行这种国际义务。

对于这种观点,有人会不无道理地反驳说,它高估了制度方面的因素,却忽视了心理方面尤其是道德方面的因素。他们宣称,精神上的裁军必须先于物质上的裁军,并进而正确地指出,国际秩序面临的最大障碍就是被过分渲染的民族主义,民族主义有一个冠冕堂皇但被误用的名字——“爱国主义”。在过去的一个半世纪里，这个偶像在世界各地获得了异乎寻常的有害力量。

要想恰如其分地评价这种反驳，就必须意识到，制度因素与心理因素是相互决定的。不仅制度因素的产生和存续都依赖于传统的感情态度，现有的制度因素也会反过来对民众的感情态度产生强大的影响。

可悲的是，当前各地民族主义情绪高涨，在我看来，这与义务兵役制（比较好听的名字是“人民军队”）的设立密不可分。一个国家若是要求其国民服兵役，就必定会培养他们的民族主义精神，为从军报国打下心理基础。在学校里，除了宗教，国家还必须让年轻人将这种暴力工具奉为神圣。

因此我确信，推行义务兵役制是白人道德沦丧的首要原因。它不仅威胁着文明的存续，还威胁到人类的生存。法国大革命不仅给社会带来了恩惠，也产生了这种诅咒，很快便席卷了所有其他国家。

因此，凡是渴望培养国际主义精神、反抗沙文主义的人，都必须坚决反对义务兵役制。与前几个世纪的宗教殉道者所受的迫害相比，那些怀着道德动机反对服兵役的人所受到的严重迫害难道不是更让人感到羞耻吗？我们能像《凯洛格公约》[①]那

① 《凯洛格公约》（*Kellogg Pact*），又称《凯洛格-白里安公约》（*Kellogg-Briand Pact*）《非战公约》或《巴黎非战公约》，全称为《关于废弃战争作为国家政策工具的普遍公约》，是1928年8月27日在巴黎签署的一项国际公约。该公约规定，放弃以战争作为国家政策的手段，只能以和平方法解决国际争端或冲突。由于该公约本身建立在理想主义的国际关系理论下，所以没有发挥实际作用，但该公约是人类第一次放弃以战争作为国家的外交政策的体现。——译者

样，一边谴责战争，一边又把个人毫无掩护地置于各国战争机器的魔爪之下吗？

从裁军会议的观点看，如果不只限于制度上的技术问题，而是也从教育动机的角度更为直接地处理心理问题，我们就必须尝试创造一些国际的法律手段，使个人能够拒绝服兵役。这种规定无疑会产生强大的道德作用。

总结一下我的观点：仅仅用协议来限制军备保证不了安全。强制性的仲裁必须具有执行力，由所有成员国来保证，对于和平的破坏者可以动用经济或军事制裁。义务兵役制是滋生有害的民族主义的主要温床，必须坚决打击。最重要的是，反对服兵役的人必须在国际基础上得到保护。

## 二

如果制度的发展能够跟得上技术的步伐，那么上个世纪的发明天才创造出来的成果早已能让我们的生活幸福无忧了。然而，这些辛苦所得在我们这代人手中，就如同三岁小孩挥舞的一把剃刀。奇妙的生产手段带来的不是自由，而是忧虑和饥饿。

技术进步最大的危害是为毁灭人类的生命和辛勤劳动的果实提供了工具。在世界大战期间，我们这些上年纪的人都有过不寒而栗的体验。不过在我看来，比这种毁灭更可怕的是，战争使个人沦为了屈辱的奴隶。在社会的逼迫下去做每个人都认为十恶不赦的事情，难道不恐怖吗？只有少数人拥有伟大的道德力量做出反抗。我认为他们才是世界大战的真正英雄。

不过还有一线希望。我认为，今天各国负责任的领袖们大都真心希望消除战争。这个绝对必要的步骤的阻力来自各个国家的不幸传统，通过教育体制的运作，如遗传病一般代代相传。不过，承载这些传统的主要是军事训练以及对它的赞美，受重工业和军队控制的媒体也一同推波助澜。没有裁军就没有持久和平。反过来，以目前的规模继续发展军备则势必导致新的灾难。

这就是为什么1932年的裁军会议会决定这代人和下代人的命运。鉴于此前的会议总体上收效甚微，有识之士应尽力向民众反复宣讲这次会议的重大意义。只有当大多数民众都有和平意愿时，政治家才能实现其伟大目标。而要形成这种舆论，每个人都应对自己的一言一行负起责任。

如果与会代表都是带着既定的政策命令而来，那么围绕着这些命令的执行，会议马上就会变成实力的角逐，于是会议的失败是注定了的。大家似乎都已经认识到这一点。最近，政治家们频繁举行双边会面，就裁军问题进行商谈，试图为裁军会议打下基础。我认为这种办法很可取，因为如果没有第三方在场，两个人或双方就能比较理性、诚恳和冷静地交换意见，否则说话时必定会顾虑重重。唯有做出充分准备，排除各种意外，真心诚意营造出信任的气氛，大会才有望取得成功。

在这种重大事情上取得成功，依靠的不是机灵或狡诈，而是诚恳和信任。我想说，谢天谢地，理智终究代替不了道德。

我们每个人不能只是等待和批评，而应尽其所能为这项事业服务。世界将会得到它应得的命运。

# 美国与1932年裁军会议

今天的美国人对国内的经济状况忧心忡忡，其负责任的领导人主要致力于解决本国严重的失业问题。美国与世界其他地方特别是欧洲发源地之间休戚与共的感觉还不如平日。

但自由经济本身并不能自动克服这些困难。为使劳动和消费品得到合理分配，还要有社会的调节措施；否则，即便是最富裕国家的人也难以为计。随着技术方法的改进，满足人们的需求已不再需要那么多劳动，因此，经济力量的自由运作无法保证一切劳动力都能得到运用。为使技术进步惠及所有人，需要有意进行调节和组织。

如果说没有计划性的调节，经济就无法恢复秩序，那么对于国际政治问题来说，这种调节就更是不可或缺。今天已经很少有人认为，暴力战争有利于解决或值得用来解决国际问题。不过，对于积极采取措施来防止战争这种早该淘汰的、来自蒙昧时代的野蛮遗迹，我们的态度还不够一致。我们需要作些反思才能看清这个问题，也需要勇气才能坚定有效地服务于这项伟大事业。

倘若真想消灭战争，则必须明确赞成他的国家为支持国际组织而放弃一部分主权；如果遇到冲突，也必须愿意让自己的国家服从国际法庭的仲裁。他还必须毫不妥协地支持全面裁军，就像不幸的《凡尔赛条约》所设想的那样。若不废除激进的爱国军事教育,进步便无希望。

过去几年,最让当今世界的主要文明国家丢脸的事情莫过于,迄今为止的所有裁军会议均以失败而告终。这种失败不仅是因为那些野心勃勃的无良政客要弄阴谋,各国民众的漠然和懈怠也难辞其咎。这种情况若不改变,前人取得的宝贵成果将会毁于一旦。

我相信,美国民众并不完全清楚自己肩负的责任。他们肯定会想:“欧洲若是被其民众的争吵不休和作恶多端毁灭了,那就让它见鬼去吧!威尔逊总统播撒的良种,在欧洲贫瘠的土地上几乎绝收。强大而安全的美国不要急于掺和别人的事务。”

这种想法显然可鄙而短视。对于欧洲的困难,美国难辞其咎。它不计后果地竭力推行自己的主张,从而加剧了欧洲经济和道德的滑坡;它促进了欧洲的分裂割据,因此对于政治道德的衰败以及因绝望而产生的复仇精神,美国也负有责任。这种复仇精神将不会止步于美国国门,也不会说停就停。请大家环顾四周,务必小心啊!



简而言之,要想保存人类最宝贵的文明成果,裁军会议对于你我都是最后一次机会。你们是我们当中最强大的,相对来说也最健全,所有目光和希望都聚焦在你们身上。

# 仲裁法庭

只有基于一个独立于各国政府的永久仲裁法庭，保障每个国家的安全，短时间内有计划的裁军才是可能的。

所有国家应无条件服从该法庭所作的判决，还要无条件地加以落实。

欧非两洲、美洲和亚洲这三区可各设一个仲裁法庭，澳洲可归入其中一区。在这三个区的权限之内无法解决的问题，宜再设一个联合仲裁法庭。

# 科学的国际性

正当民族主义和政治狂热达到顶点时，埃米尔·费舍尔（Emil Fischer）在战时科学院的会议上说了这样一句掷地有声的话："没用的，先生们，科学现在是而且永远是国际的。"对此，真正伟大的科学家不仅心知肚明，而且感同身受，即便在政治纷争的年代，他们被气量狭窄的同事孤立时，也会这样坚持。战争期间，每一个阵营中都会有不少选民背叛自己神圣的职责。国际科学院协会已经解散。从当时到现在，学术会议都把敌国的同事们拒之门外。政治方面的考量被一本正经地提出来，导致纯粹客观的思维方式无法起主导作用，我们伟大的目标必定受挫。

在情感上不为一时所惑的正义之士如何才能进行补救呢？当前大多数学人仍然群情激愤，真正国际性的大会是无法召开的。至于恢复国际科学工作者协会，大家的心理障碍还太强，尚不能被少数更为开明之士克服。为使国际协会恢复健康，这部分人其实大有用武之地，他们可以同全世界志同道合的人保持密切接触，在各自的领域坚定支持国际事业。大获成功尚需时日，但无疑会有这一天。我要借此机会向我们的各位英国同事致敬，在那些艰苦的岁月，他们始终怀有维护知识共同体的强烈愿望。

无论在什么地方，个人的态度都比官方声明要好。正义之士要记住,“元老院的议员是好人,元老院却是野兽”,不要让自己被激怒或误导。

如果说我对国际组织的进展充满信心,那么这种感受与其说是因为我对同事们的聪明才智和高尚情操有信心,不如说是源于经济发展的迫切压力。既然经济发展在很大程度上甚至依赖于立场保守的科学家的工作,所以就连他们也会违心地帮助创建国际组织了。

# 少数族群

少数族群，尤其是由身体特征能够识别时，会被一起生活的多数族群视为低人一等，这似乎很普遍。但命运悲剧不仅在于，少数族群在社会经济方面会自动受到不公平的对待，而且在多数族群的影响下，受此对待的人多会不知不觉地屈从于这种价值偏见，认为自己就是要低人一等。要想克服这第二种更糟糕的恶，可以让少数族群加强联系，并且有意识地进行教育，这样他们的精神就能获得解放。

美国黑人朝这个方向所做出的坚定努力，理应得到大家的赞许和帮助。

# 德国和法国

法国免于军事进攻的安全诉求只有得到了满足,法德两国才可能有互信和合作。但如果法国提出这种要求,德国便肯定会加以敌视。

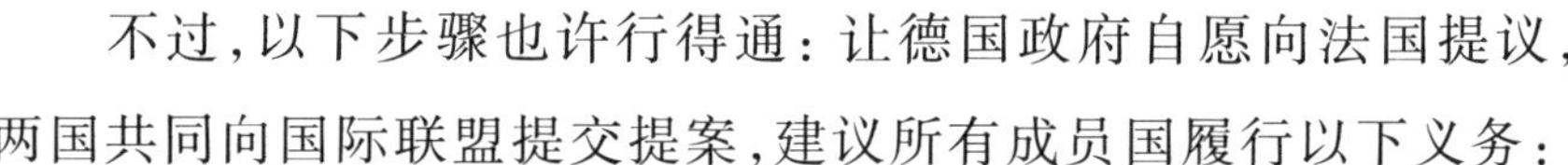

不过,以下步骤也许行得通:让德国政府自愿向法国提议,两国共同向国际联盟提交提案,建议所有成员国履行以下义务:

一、服从国际仲裁法庭所作的各项裁定;

二、与国家联盟其他成员国一道,采取一切经济和军事力量,抵抗任何破坏和平或拒不履行国际和平决议的国家。

# 知识合作研究所

今年,欧洲的政治领袖们第一次认识到,传统政治团体只有停止彼此之间的勾心斗角,欧洲大陆才能重获繁荣。因此,必须巩固欧洲的政治组织,并逐渐尝试取消关税壁垒。这一伟大目标不能只靠协定来实现,而是必须先有思想上的准备。必须努力逐渐唤起人们的团结意识,迄今为止,这种意识并非止于前线。正是怀着这种想法,国际联盟创建了知识合作委员会(*Commission de coopération intellectuelle*)。该委员会是一个与政治无关的纯国际组织,其任务是在因战争而遭到孤立的各国知识分子之间建立起联系。事实证明,这是一项艰巨的任务,因为不得不承认,至少在我最熟悉的国家,艺术家和学者远比担任重要职务的人更受制于狭隘的民族主义倾向。

迄今为止,知识合作委员会每年召开两次会议。为使工作更有成效,法国政府决定出资创建一个永久的知识合作研究所,该所近期就会开放。对于法国的这一慷慨之举,所有人都应心存感激。

聚在一起谈笑风生、互相恭维,对感到遗憾或不认同的事情一概不谈,这固然轻松愉快,但唯有诚实才有助于把我们的工作推向前进。因此,在祝贺其新生的同时,我也要提一些批评。

据我平日观察，委员会面临的最大障碍是对自己在政治上的客观公正缺乏信心。今后，凡有助于增强这种信心的事情我们就做，凡可能削弱这种信心的事情就不做。

因此，法国政府在巴黎出资创建一个研究所，把它当作知识合作委员会的一个常设机构，并由一个法国人出任所长，这难免让外界产生一种印象，以为委员会由法国主导。加之目前委员会的主席也是法国人，则更是加深了这种印象。虽然相关人士都享有极高声誉，处处受到尊敬爱戴，但这种印象依然存在。

“我已经说完，并且拯救了自己的灵魂。”（*Dixi et salvavi animam meam.*）衷心希望新成立的研究所能够通过与委员会的持续互动，成功推进其共同目标，并赢得全世界知识分子的信任和认可。

# 文化与繁荣

要想估计政治灾难给人类文化的发展造成了多大伤害，就必须记住，高等文化是一株娇嫩的植物，其成长依赖于复杂的条件，任何时候也只有在少数地方才能枝繁叶茂。文化要想开花结果，首先要达到某种程度的繁荣，这样才能使一部分人从事与生计没有直接关系的事情。此外，还要有尊重文化价值和成果的道德传统，使提供生活直接必需品的其他阶层能为这些人提供生活所需。

在上个世纪，德国是同时满足上述两个条件的国家之一。总体而言，德国虽然说不上特别繁荣，但也已经足够；它也有着尊重文化的强大传统。在此基础上，德意志民族创造的文化成果为现代世界的发展做出了重大贡献。而在今天的德国，传统大体上还保留着，但繁荣却已不再。德国工业的原料供应几乎完全被切断，产业工人因此失去了生存之本。维持知识分子生活所需的盈余也已经不复存在。在这种情况下，尊重文化的传统也势必瓦解，使枝繁叶茂的文化苗圃成为一片荒芜。

只要人类还重视精神财富，就必须避免这种贫瘠。面对当前的困境，人们将尽可能地做出补救，并且重新唤醒那种被民族自大主义遮蔽的更高的团结互助精神。有了这种精神，人类价值才能独立于政治和国家边界而存在。然后，人们将为各国创造工作条件，让国家得以存续，进而创造文化价值。

# 文化衰落的症状

和在文化生活的各个领域里一样，无拘无束地自由交流思想和科学成果对于科学的健康发展是不可或缺的。在我看来，美国政治当局对个人之间自由交流知识的干涉，无疑已经造成了严重的伤害。这种伤害首先可见于科学研究领域，不用多久就会显见于技术和工业生产。

政治当局对美国科学生活的侵入，尤其显见于阻挠美国科学家和学者出国，以及阻挠外国科学家来美国访问。一个大国做这种小动作，不过是更深疾病的一种表面症状罢了。

干涉口头和书面交流科学成果的自由，庞大的警察机关加剧了普遍的政治不信任态度，人们焦虑不安、提心吊胆，竭力避免任何可能引起嫌疑或威胁其经济地位的事情——所有这些都只是症状，即使它们更清楚地揭示了疾病的严重性。

然而在我看来，真正的疾病在于世界大战所造成的一种态度，它支配着我们的所有行动，那就是相信：和平时期必须对整个生活和工作进行组织，这样才能保证战时取得胜利。这种态度导致人们相信，强大的敌人威胁着我们的自由和生存。

这种态度解释了所有那些被我们称为“症状”的讨厌事实。如果不加以纠正，它必然会导致战争和大规模破坏。美国的预算即是明显例证。

只有克服了这种迷恋,才能真正把注意力合理地转向那个实际的政治问题:"如何才能使人在这个越来越小的地球上生活得更加安全和宽容?"

如果战胜不了正在影响我们的更深疾病,就不可能治好上述那些症状。

# 对世界经济危机的看法

如果说有什么东西能让一个经济学领域的门外汉敢于对当前令人忧虑的经济困难的性质发表意见，那定是专家之间没有一致的看法，让人无所适从。我讲的东西并不新鲜，只是表达了一个独立而诚实的人的看法。我既无阶级偏见，也无民族偏见，只是希望人类幸福，人的生存能够尽可能地和谐。如果以下内容让读者觉得我好像言之凿凿，那只是为了表达的方便，而绝非出于无端的自信，或者自认为对一些问题的浅见绝对无误，那些问题其实是异常复杂的。

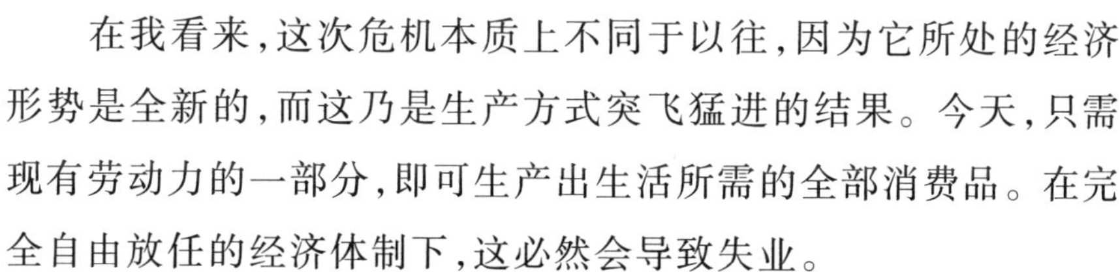

在我看来，这次危机本质上不同于以往，因为它所处的经济形势是全新的，而这乃是生产方式突飞猛进的结果。今天，只需现有劳动力的一部分，即可生产出生活所需的全部消费品。在完全自由放任的经济体制下，这必然会导致失业。

出于一些我不打算在这里分析的原因，大多数人不得不为维持生计的最低工资而工作。如果两家工厂生产同样的商品，在其他情况相同，并让工人的工作时间和强度达到人体所能承受的极限时，则雇用工人较少的工厂生产出的商品会更便宜。因此，凭借当今的生产方法，无可避免只会用到现有劳动力的一部分。虽然对这部分人有不合理的要求，但其余的人却被生产过程自动淘汰。这终将导致商品销售和利润下降,企业走向破产,由此又会引发新的失业和对企业信心的不足,公众对银行参与减少。最后,银行会因遭到挤兑而无力偿还债务,工业齿轮也随之完全停滞。

关于这次危机的原因还有另一些说法,我们现在就来考察一下:

**生产过剩:**这里我们应当区分两种东西,即真正的生产过剩和表面的生产过剩。所谓真正的生产过剩,我指的是生产超出了需求。当前美国汽车和小麦的生产也许就是这种情况,虽然这也是可疑的。所谓"生产过剩",通常是指某种商品的产量超出了现有情况下所能卖出的量,尽管此消费品在消费者中仍然短缺。我称这种状况为表面的生产过剩。在这种情况下,缺少的不是需求,而是消费者的购买力。这种表面的生产过剩只不过是危机的代名词,所以不能用来解释危机;因此,试图用生产过剩来解释当前的危机,不过是在玩文字游戏罢了。

**赔款:**支付赔款对于债务国及其经济来说是沉重的义务,为此这些国家不得不参与倾销,结果也损害了债权国。这是不争的事实。然而危机却出现在有很高关税壁垒的美国,可见这不可能是世界危机的主要原因。因赔偿而导致的债务国黄金短缺,最多只能说明应当停止这种支付,而不能用来解释世界危机。

**新关税壁垒的设置,非生产性军备负担的加重,潜在的战争威胁所导致的政治不安:**所有这些都使欧洲的局势更加严峻,对美国却没有实质性的影响。危机在美国的出现表明这些不可能是造成危机的主要原因。

**中国和苏联两个大国的退出：**这一对世界贸易产生了打击的因素在美国同样表现不明显，因此不可能是危机的主要原因。

**战后下层阶级的经济崛起：**即使这是事实，也只会导致商品短缺，而不是供给过剩。

我不再列举其他论点来烦扰读者了。在我看来，这些论点都没有触及问题的实质。我确信，技术进步本身虽然可以在很大程度上减轻人类生存所需的劳动负担，但却是目前这种苦难困境的主要原因。于是，一些人便一本正经地要禁止引入技术革新。这显然是荒谬的。但如何才能以更为合理的方式为我们的困境找到出路呢？

若是能防止群众的购买力（以商品价值来衡量）降到某个最小的程度以下，像我们今天经历的这种产业循环的停滞就不可能发生。



要做到这一点，逻辑上最简单但也是最冒险的办法是完全的计划经济，由社会来生产和分配消费品。今天苏联正在尝试的做法本质上就是如此。情况究竟如何，主要要看这种强迫性的试验会产生什么样的结果。在这里做出预言会有傲慢放肆之嫌。在这种体制下生产商品，能否比私人企业享有更多自由的体制更加行之有效呢？与这种体制相伴随的恐怖，我们“西方人”任谁也不愿去碰，倘若没有了这种恐怖，它是否还能维持下去？这种僵化集中的经济体制难道不会走向贸易保护和阻碍有益的创新吗？但我们必须注意，切不可让这些想法变成偏见，妨碍我们形成客观的判断。

我个人认为，只要能与我们着眼的目标相容，尊重现有传统和习惯的那些做法一般要更为可取。我也不相信突然将经济交由政府去管理会有利于生产；应当给私人企业留出活动范围，只要它还没有通过卡特尔化被产业本身所淘汰。

不过，这种经济自由应受两方面的限制：每一个生产部门都应通过法律规定来缩短每周工作时间，以便系统性地消除失业。同时还应制定最低工资标准，以使工人的购买力跟得上生产。

此外，在通过生产者组织而形成垄断的那些行业，价格应由国家来控制，以使资本收益保持在合理限度，并防止人为地抑制生产和消费。

这样一来，或许能够建立起生产与消费的平衡，既不用对企业自由限制太多，亦可制止生产资料（土地、机器）所有者对最广义的工薪阶层的压榨。

# 生产和购买力

我不相信解决当前困难的方法在于认识生产能力和消费，因为这种认识一般而言都来得太晚。而且在我看来，德国的问题并不在于生产设备过剩，而在于一大部分人口购买力不足，这些人因为产业的改进而被排除在生产过程之外。

我认为，金本位制有一个严重的弊端，即黄金供应的短缺会自动导致信贷紧缩和通货减少，而价格和工资却无法迅速调整到位。



依我之见，摆脱我们的困境有如下天然药方：

1.对各个产业部门进行分级，依照法令减少工作时间以消除失业；固定最低工资，以使大众购买力适应商品的供给。

2.控制流通货币总量和信贷规模，使物价水平保持稳定，取消一切形式的货币本位。

3.对因垄断或形成卡特尔而没有实际参与自由竞争的商品实行法定限价。

# 生产和劳动

在我看来，根本的麻烦在于劳动力市场几乎无限的自由，以及生产方法的突飞猛进。要想满足今日世界之所需，早已不需要现有的全部劳动力。由此导致的失业和工人之间的恶性竞争都会降低购买力，从而使整个经济体系难以承受，陷入瘫痪。

我知道，自由派经济学家坚持认为，劳动力的任何节省都会被需求的增长所平衡。但首先我并不相信这一点，即使它是对的，上述因素也总会导致大部分人的生活标准下降到很低的水平。

和您一样，我也认为必须采取措施使年轻人能够参与生产过程。此外，不应让上了年纪的人从事某些类型的工作（我称之为“不合格的”工作），而应直接发给他们一定数量的养老金作为补偿，因为他们以前为社会所作的生产性劳动已经够多的了。

我也支持取消大城市，但不赞成将某种类型的人（如老年人）安置在特定的城镇。坦率地讲，这种想法让我感到厌恶。

我也认为必须避免货币价值波动，根据消费状况选出某些类型的商品作为标准来取代金本位制。如果我没有记错，凯恩斯（Keynes）早就提过这样的建议。如果引入这套制度，只要相信国家会合理利用这样一笔额外收入，那么根据目前货币的购买力，人们或许愿意忍受一定程度的“通货膨胀”。

因此在我看来，您这份计划的弱点在于心理方面，或者说忽视了这个方面。资本主义不仅带来了生产的进步，而且也带来了知识的进步，这绝非偶然。遗憾的是，利己主义和竞争是比集体精神和责任感更强大的力量。在俄国，据说得到一块像样的面包都很困难。……对于国家和其他形式的集体事业，我的看法也许过于悲观了，但我确实对此不抱什么希望。官僚体制会葬送一切成就。我见过也经历过太多可怕的遏制性力量，即使连堪称楷模的瑞士也是如此。

我倾向于认为，国家仅仅作为限制和调节的因素才对劳动过程真正有用。国家务必把劳动力之间的竞争保持在健康的限度内，确保所有孩子都能茁壮成长，还要确保收入足够高，以使产品能被消费掉。不过，如果有关措施由一些独立的专家本着客观的精神制定出来，那么国家是能够通过调节功能来施加决定性影响的。

# 对欧洲时局的观察

在我看来，当今世界，特别是欧洲的政治局势似乎有一个显著特征：无论在物质方面还是思想方面，政治发展都要落后于在短时间内发生质变的经济需求；每一个国家的利益都应服从于更大集体的利益。要迈向这种新的政治思想和感情，斗争将会非常激烈，因为需要对抗的是数百年的传统。然而，欧洲的存续必须仰赖这份成功。我坚信，一旦克服心理障碍，实际问题就不难解决了。要想营造适宜的氛围，关键在于志同道合者之间的团结合作。愿我们共同努力，在各国之间架设起一座信任之桥！

# 国家的和平共处

## 为罗斯福夫人组织的电视节目所作的讲话

感谢罗斯福夫人，让我有机会表达我对这个最重要的政治问题的信念。

就目前的军事技术而言，相信通过武装国家来保障安全，是一种灾难性的幻想。美国因为最先制造了原子弹而助长了这种幻想。人们普遍相信，美国最终能够取得决定性的军事优势，吓退所有潜在的对手，从而将人们热切期盼的安全带给美国和全世界。过去五年我们遵循的格言简单来说就是：不惜一切代价，以优越的军事实力来获得安全。

这种机械的技术军事心态已经产生了无可避免的后果。外交政策中的每一项行动都完全受制于一种观点：如何才能在战争中取得对敌人的绝对优势？回答是：在全世界所有可能的战略要地建立军事基地，加强潜在盟国的军事和经济力量。在国内，将巨大的财力集中到军队手中；让青年人接受军事训练；用日益壮大的警察力量严密监视公民尤其是公务员的忠诚度；恐吓具有独立政治思想的人；通过广播、报刊和学校对公众进

行潜移默化的灌输；以军事机密为压力，不断限制公共信息的范围。

美苏之间的军备竞赛据说原本是一种防卫措施，现在却已变得歇斯底里。双方都躲在各自机密的高墙背后，以狂热的速度完善着大规模破坏的手段。现在氢弹又作为新的目标显示在公众眼前，总统已经庄严宣告，要向这个目标加速发展。如果取得成功，那么对大气的放射性毒害以及地球生命的彻底灭绝，都将在技术上成为可能。这种发展的可怕之处在于那种似乎势不可挡的趋势。每一步都像是前一步无可避免的后果，我们越来越清楚地看到，尽头处就是完全毁灭。

是否有办法走出这种由人自己制造的困境呢？所有人（尤其是美苏两国的决策者）都应该认识到，我们或许已经战胜了外在的敌人，但却未能除去战争引发的心态。只要每一项行动都着眼于未来可能发生的冲突，就永远无法实现真正的和平。因此，一切政治行动的指导思想应当是：如何才能实现国家之间的和平共处甚至是精诚合作呢？首先要消除相互的恐惧和不信任。郑重放弃暴力（不只是大规模破坏性武器）无疑是必不可少的。但只有同时建立一个超国家的审判执行机构，让它有权裁定与各国安全直接相关的问题，这种放弃才能有效。即使只是**宣称**各国会为实现这种“有限的世界政府”而精诚合作，也会大大减轻迫在眉睫的战争危险。

归根结底，人与人的任何和平共处都首先要基于相互信任，其次才要靠像法庭和警察这类机构。这不仅适用于个人，也适用于国家。信任的基础是忠诚的互让。

国际管控是否可行呢？作为一种维护治安的措施，它也许具有次要作用，但明智的做法或许是不去过高估计它的重要性。只要想想美国实施禁酒令的时代，我们就会犹豫起来。

# 确保人类的未来

如同火柴的发明,原子核链式反应的发现并不一定导致人类的毁灭,但我们必须竭力防止对它的滥用。技术发展到现在这个阶段,只有一个执行力足够强大的超国家组织才能保护我们。认识到这一点,我们才有力量做出必要的牺牲,以确保人类的未来。如果未能及时达成这个目标,我们每个人都要负责任。一种可能的危险是,每个人都袖手旁观,坐等别人行动。

对于我们这个世纪的科学成就,每一位有识之士都会给予高度评价。哪怕随便看一下科学的技术应用,也会有此感觉。但如果铭记科学的基本问题,就不会过高估计近来的成就。就像坐火车时,如果只看近处的东西,我们似乎就在急速地奔驰,但如果注视远处的山脉,景色似乎就变化很慢了。科学的基本问题正是如此。

在我看来,甚至谈论“我们的生活方式”或俄国的生活方式也是不合理的。在这两种情况下,我们谈的都是一堆传统和习俗,这些东西并不构成一个有机整体。更有意义的是追问,哪些制度和传统对人有害,哪些对人有利?哪些让生活更幸福,哪些让生活更痛苦?之后我们应当努力取其精华,无论目前认为它能否在我们这里实行。

现在谈谈教师的工资。在一个健康社会里，任何有益的活动都应得到报酬，以使人过上像样的生活。从事任何对社会有价值的活动，都会带来内心的满足，但这不能当作工资的一部分。教师无法用内心的满足来填饱家人的肚子。

# 时代的继承者

以前的人可能认为,知识文化的进步不过是继承自先人的劳动果实罢了,这些果实让他们的生活变得更舒适也更幸福。但我们这个时代的灾难表明,这是一种致命的错觉。

现在我们看到,要想证明人类的这笔遗产带来的是福而不是祸,还要付出巨大的努力。以前一个人只要能在一定程度上摆脱人格上的自我中心主义,即可成为社会中有价值的一员,而今,他还必须克服在民族和阶级上的以自我为中心。只有达到这样的高度,他才能为改善人类社会的命运贡献自己的力量。

小国居民比大国居民更能响应这项最重要的时代要求,因为无论是在政治还是经济上,大国都忍不住要通过武力达成目标。过去几年,欧洲发展的唯一亮点是荷兰与比利时之间签署了协议。有理由希望,小国在未来可以担任领导角色,让各国放弃不加限制的自决权,从而使世界摆脱导致其退化的军事主义枷锁。

# 三　与纳粹作斗争

# 声　　明

1933年3月

只要还能有所选择,我就只想待在这样一个国家:它奉行政治自由和宽容,在法律面前所有公民一律平等。政治自由意味着可以用语言文字自由地表达政治观点,宽容则意味着尊重他人的任何信念。

目前德国尚不具备这些条件。在那里,对国际理解事业贡献卓著的人正受到迫害,其中不乏顶尖的艺术家。

个人受到压力会精神失常,社会有机体也会患上精神疾病,尤其是在困难时期。在通常情况下,国家可以挺过这些疾病。但愿德国能够很快恢复健康,也希望将来像康德和歌德那样的伟人不仅受到缅怀,他们所教导的原则也能在公众生活中得到普及与贯彻。

# 与普鲁士科学院的通信

1933年4月1日科学院的声明

普鲁士科学院愤慨地从报纸上获悉，阿尔伯特·爱因斯坦参与了法国和美国的煽动活动。他需要立即对此作出解释。在此期间，爱因斯坦宣布退出科学院，理由是他不能在目前的统治下为普鲁士邦效力。身为瑞士公民的他似乎也有意放弃1913年成为科学院正式院士时附带取得的普鲁士公民资格。

普鲁士科学院为爱因斯坦在外国从事煽动活动而感到痛心疾首，因为科学院及其成员一向认为与普鲁士邦密切联系在一起。他们虽然极力避免一切政治派别，但始终强调永远忠于国家的思想。有鉴于此，它没有理由对爱因斯坦的退出感到惋惜。

普鲁士科学院

恩斯特·海曼（Ernst Heymann）教授博士

常务秘书

## 爱因斯坦对普鲁士科学院的回复

勒科克海滨，1933年4月5日

据可靠消息，普鲁士科学院在一份官方声明中称，“爱因斯坦参与了美国和法国的恶意煽动”。

在此声明，本人从未参与过任何恶意煽动。我还必须重申，我在任何地方都没有见过这种煽动。人们一般只是复述和议论德国政府负责人的官方声明和命令，及其用经济手段来消灭德国犹太人的计划。

我在报纸上声明，我打算辞去科学院的职位，并且放弃普鲁士的公民身份，因为我不想生活在一个在法律面前不平等、也享受不到言论和教学自由的国家。

此外，我还把目前德国的状况称为大众的一种精神病态，并就原因作了评论。

我曾拟过一份文件，可供“国际反排犹主义同盟”谋求支持之用，但完全无意诉诸报端。我在文中呼吁所有明达之士，倘若仍对危机四伏的文明理想忠贞不渝，便应极力防止这种大众精神病进一步蔓延，它在当今德国已经显示出极为可怕的症状。

在发表针对我的声明之前，科学院要找到我的原始文件并不困难。德国报界也转载了我故意被歪曲的说法，对于今天受到钳制的舆论来说，实属意料之中。

我愿意为我发表的每一个字负责，也希望科学院能够礼尚往来，将我的这份声明告知各位院士和德国公众，因为我在他们面前遭到了污蔑，且贵院也在这件事上也插了一手。

# 普鲁士科学院的两封回信

## 一

柏林,1933年4月7日

作为普鲁士科学院现任首席秘书,我谨奉告,您3月28日关于辞去科学院院士一职的来信已收悉。

科学院已在1933年3月31日的全体会议上对此作了通报。

科学院对事态的发展深表遗憾。作为地位崇高的科学权威,您与德国人共事那么久,也担任院士多年,照理说应当熟知德国人的性格和思维方式,出人意料的是,您竟然在这个时刻与国外一帮人搅在一起。部分是出于对实际情况和事件的无知,这帮人散布错误观点和毫无根据的谣言,对德国人民造成了很大伤害。您在本院任职多年,无论本人持何种政治立场,我们当然期望您能站在国家的捍卫者这边,反对别人对它的肆意诽谤。曾几何时,那些恶意中伤既卑鄙可耻又荒谬可笑,那时您哪怕为德国人民讲一句好话,在国外也会产生巨大反响。但您的证词却被敌人利用了,他们不仅是当今德国政府的敌人,也是德国人民的敌人。这件事让我们大为痛苦和失望,即使没有收到您的辞呈,我们也不得不与您分道扬镳。

此致

冯·菲克尔(v. Ficker)

## 二

1933年4月11日

科学院在此声明，本院1933年4月1日所作的声明不仅是基于德国报纸的报道，更是基于外国，尤其是法国和比利时报纸的报道，爱因斯坦先生对此并未加以否认。何况在此之前，科学院已经看到了他向“反排犹主义同盟”发出的那份广为兜售的声明，文中悲叹德国已经退回到远古的野蛮不化。再者，虽然爱因斯坦先生自称从未参与恶意煽动，但科学院认定他并没有驳斥不公的猜疑和诽谤，而在科学院看来，这本是身为资深院士的他所应尽的义务。可爱因斯坦先生非但没有这样做，反而在国外发表了一些声明。这些声明出自一个有世界声望的人之口，必定会被敌人利用和滥用，他们不仅是当今德国政府的敌人，也是全体德国人民的敌人。

冯·菲克尔、恩斯特·海曼

普鲁士科学院常务秘书

## 爱因斯坦的回复

勒科克海滨（比利时），1933年4月12日

你们4月7日的信我已收到，对于你们在信中表露的心态，我深感遗憾。

在事实方面，我只能回复如下：关于我的行为，你们的说法其实只是把已经发表的那篇声明换了个形式罢了，在那篇声明中，你们谴责我参与了反对德国人民的恶意煽动。在上一封信中我已讲明，这种指控纯属污蔑。

你们还说，哪怕我能“为德国人民讲一句好话”，在国外也会产生巨大反响。对此我必须回应说：要我像你们建议的那样作证，无异于彻底否认我终生秉持的正义与自由信念。这样的证言不会如你们所愿是为德国人民讲好话，而只会为一些人背书，他们正企图破坏曾使德国人民在世界文明中赢得光荣席位的观念和原则。在目前情况下做这样的证词，我就是在间接促进道德败坏和现有一切文化价值的毁灭。

有鉴于此，我感到不得不退出科学院，你们的信只是证明了我这样做是多么正确。

# 与巴伐利亚科学院的通信

## 巴伐利亚科学院致爱因斯坦

慕尼黑,1933年4月8日

先生:

您在给普鲁士科学院的信中声称,是德国目前的形势导致了您的辞职。几年以前,巴伐利亚科学院曾遴选您做通讯院士,本院与普鲁士科学院以及其他德国科学院都有密切的联系,因此,您从普鲁士科学院辞职势必会影响您与本院的关系。

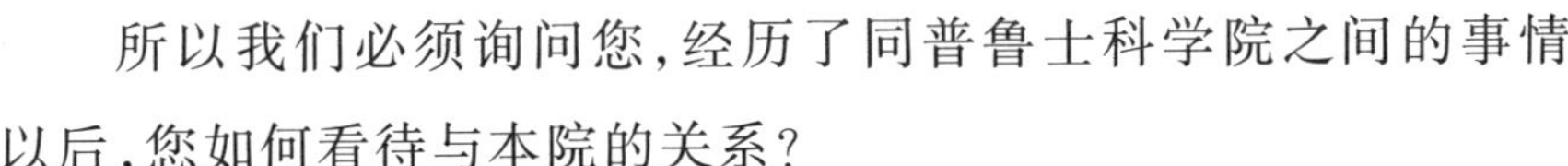

所以我们必须询问您,经历了同普鲁士科学院之间的事情以后,您如何看待与本院的关系?

巴伐利亚科学院院长

## 爱因斯坦的回复

勒科克海滨,1933年4月21日

我之所以从普鲁士科学院辞职,是因为在目前的形势下,我既不愿做一个德国公民,也不愿与普鲁士教育部保持某种依附关系。

这些理由本身并不会导致我与巴伐利亚科学院解除关系。但如果我希望从院士清单中被除名，那是出于另一个理由。

科学院的首要任务是促进和保护一个国家的科学生活。但据我所知，许多德国学者、学生以及受过学术训练的专业人士在德国被剥夺了一切工作和谋生的机会，此时德国的学术团体却袖手旁观、默不做声。我不愿属于任何一个这样行事的团体，即使它这样做是出于外界压力。

# 对受邀参加一场示威活动的回复

## 以下信件是对受邀参加一份反对德国反犹主义的法国宣言的回复

我从各个方面认真思考了这项非常重要的提议，它与近来我最为关切的一个问题有关。我最后得出的结论是，我无法亲自参加这场极为重要的示威活动，理由有二：

首先，我还是一个德国公民。其次，我是犹太人。关于第一点我须作些补充：我曾在德国机构工作，在德国始终被视为可靠的人。无论我对德国正在发生的可怕事件感到多么遗憾，对政府授意犯下的可怕错误表示多么强烈的谴责，我都不宜亲自参加由外国政府的官方人士发起的活动。为了充分理解这一点，请您设想一位法国公民遇到了类似情况，要同一些知名的德国政客联合起来抗议法国政府的行动。您即使承认这种抗议完全正当，大概也仍然会把自己同胞的做法看成一种背叛。即使左拉在德雷福斯案件发生时觉得有必要离开法国，他也肯定不会参与由德国官方人士发起的抗议活动，无论他对此可能多么认同。他所能做的仅仅是为国人感到羞愧而已。

其次，如果反对不公正和暴力的抗议活动的参与者完全是出于人道情怀和对正义的爱,那么这种抗议就要有价值得多。这并不适用于一个像我这样视其他犹太人为弟兄的人。对我来说,对犹太人不公正就等于对我自己不公正。我在自己的事情上不便裁判,而只能等公正客观的局外人作出裁决。

这些便是我的理由。不过我还想补充一点,我向来赞赏和尊重那种强烈的正义感,它是法国传统最高贵的特征之一。

# 四　犹太人问题

# 犹太人的理想

为知识而追求知识,近乎狂热地热爱正义,追求个人的独立性,这些都是犹太人的传统特征。因此,我庆幸身为犹太人。

今天,那些极力反对理性和个人自由等理想,并企图用残忍的暴力来建立愚昧无知的国家奴役制度的人,当然会视我们为不共戴天的敌人。由此,历史赋予了我们艰巨的任务。但只要仍然忠于真理、正义和自由,我们就不仅会作为历史悠久的民族继续存在下去,而且会像以前一样,用创造性的劳动果实使人类更加崇高和伟大。

# 是否有一种犹太世界观？

我认为并没有一种哲学意义上的犹太世界观。在我看来，犹太教几乎只涉及生命以及对待生命的道德态度。我认为，犹太教与其说体现了由《摩西五经》规定并由《塔木德》阐释的那些律法，不如说体现了活在犹太人身上的生命态度。对我而言，《摩西五经》和《塔木德》不过是在古代占支配地位的犹太生命观的最重要见证罢了。



我认为，这种观念的本质在于对一切生命持肯定态度。若不能使每一个生命都变得更加美丽高贵，个人的生命便失去了意义。生命是神圣的，也就是说，生命是最高的价值，其他价值皆等而下之。把个人以外的生命视为神圣，进而尊重一切有灵之物，这是犹太传统的一个特别典型的特征。

犹太教并非信条。犹太人的神完全是对迷信的否定，是消除迷信之后的想法。虽然犹太教也尝试在恐惧的基础上建立道德戒律，这种尝试令人遗憾且不值得称道，但我认为，犹太民族强大的道德传统已经在很大程度上摆脱了这种恐惧。同样显而易见的是，“侍奉神”就等于“侍奉生命”。最优秀的犹太人，尤其是耶稣和诸位先知，都曾为之不懈奋斗。

由此可见，犹太教绝非超脱俗世的宗教，而是关系到我们如何度过和掌控这一生的宗教。因此我认为，能否以“宗教”的通行含义来称呼犹太教，这是大有疑问的，尤其是因为对犹太人的要求不是“信仰”，而是超越个人意义上的神圣生命。

但犹太传统中还包含别的成分，《诗篇》里有不少优美的描述，那就是对这个世界的美丽庄严感到陶醉与惊喜，对于这个世界，人只能形成模模糊糊的想法。正是从这种喜悦中，真正的科学研究汲取了精神力量，在鸟儿的鸣唱中似乎也可听见。将这种感觉与神的观念联系在一起，未免幼稚可笑。

以上所说是否就是犹太教的典型特征呢？抑或它还以别的名称存在于别处？就其纯粹形式而言，它不见于任何地方，甚至在犹太教中也是如此，对经文的过分拘泥掩盖了纯粹的教义。但我认为，犹太教是它最生动纯粹的显现之一。这尤其适用于生命神圣这条基本原则。

具有典型意义的是，为了确保安息日的神圣性，连动物也被明确包括在诫命中，要把一切生命都理想地团结起来的感情是如此强烈。而对所有人团结起来的坚持，就表现得更加强烈了。社会主义的诉求大都由犹太人率先提出，这绝非偶然。

犹太人对生命神圣性的感觉有多么强烈，显见于拉特瑙（Walter Rathenau）同我谈话时说的一句话。他说：“一个犹太人如果说自己要去打猎取乐，那肯定是说谎。”这再简单不过地表达了犹太人的生命神圣感。

# 基督教和犹太教

如果从诸位先知的犹太教和耶稣基督所教导的基督教中,把后人尤其是教士添加的东西统统清除,那么剩下的教义将能治愈人类社会的一切弊病。

每一个怀有良好意愿的人都有义务在自己的小天地里作出坚定的努力,尽量让这种纯人性的教导成为一股有生命的力量。如果他在这方面做过真诚的努力,而没有被同时代人击垮或踩于脚下,那么他和他所属的群体都可谓幸运。

# 犹太共同体

## 在伦敦的一次讲演

我素来对生活冷眼旁观，要克服这种倾向并不容易。但我不能对ORT和OZE等犹太慈善协会的呼吁充耳不闻，因为对它作出回应，就如同对我们深受压迫的犹太民族的呼吁作出回应。

流散各地的犹太共同体的处境无异于衡量政治世界道义的气压计。犹太民族是没有自卫能力的少数族群，其独特性在于保存了一种古老的文化传统。对于政治道德和正义感的状况，还有什么指标能比各个民族对待他们的态度更可靠呢？

在当今时代，这个气压计的读数很低。对于这种命运，我们痛苦地感同身受。但正是这种低气压让我更加坚信，我们有义务来维护和巩固这个共同体。犹太人的传统中深藏着对于正义和理性的热爱，这必定会服务于现在和将来各个民族的利益。近代的斯宾诺莎和马克思都是从这个传统中产生的。

若想维护精神，也必须注意精神所依附的身体。顾名思义，OZE协会就是要保护我们这些人的身体。在经济衰退特别严重的东欧，它夜以继日地帮助那里的民众维护身心健康。而ORT协会则致力于消除严重的社会经济困苦，自中世纪以来犹太人就生活在这种困苦中。在中世纪，一切与生产直接相关的工作都将犹太人排除在外，于是犹太人只能从事纯粹商业性的工作。要想真正帮助东欧各国的犹太人，只有允许他们进入新的活动领域，世界各地的人们正在为此而奋斗。ORT协会也在应对这个严重的问题，并且取得了成功。

现在我要向你们英国的犹太同胞呼吁，请大家参与这项由杰出人物开创的伟大事业。最近几年甚至几天的情况所带来的失望，你们必定感受到了。不要怨天尤人，而要把这些事情看成对犹太人的共同事业矢志不渝的理由。我确信，这样做也会间接促进那些一般的人类目的，我们必须始终把这些目的看成最高的。

请记住，艰难险阻是任何社会保持力量和健康的宝贵源泉。我确信，倘若我们的床由玫瑰花铺成，犹太共同体就不可能维系数千年。

不过，我们还有一个更好的慰藉。我们的朋友虽然并不很多，但其中一些人精神高尚且具有强烈的正义感，他们终生致力于人类社会的进步，帮助个体从屈辱和压迫中解放出来。

今晚来了一些非犹太世界的人，使这个纪念晚会变得更加隆重，我们为此感到高兴并且备感荣幸。我欣喜地看到了萧伯纳和威尔斯，他们的人生观一直特别吸引我。

萧伯纳先生，您在探索那条曾使别人成为殉道者的道路时，赢得了全世界的爱戴和景仰。您不仅对人宣扬道德，也对很多人奉若神明的事情大加嘲讽。您所成就的只有天生的艺术家才能做到。您从魔术箱中取出无数个小人儿来，它们像人却又不是血肉之躯，而是由精神、智慧和优雅所组成的。在某种程度上，它们比我们自己更像人。人们几乎忘记，它们不是大自然的创造，而是萧伯纳的创造。您让这些优雅的小人儿在一个狭小的世界里舞蹈，在这个世界面前有美惠三女神守卫，不让怨恨进入。凡窥视过这个小世界的人，都会以新的眼光来看待我们的现实世界；他看到您的小人儿一下子变成了真正的人，突然显示出了完全不同的样貌。您这样把镜子放在我们所有人面前，使我们获得了解放，鲜有同时代人能够做到这一点，同时您也在一定程度上减轻了世俗的人生重负。为此，我们所有人都真诚地感谢您，同时感谢命运在给予我们病痛的同时，也给了我们灵魂的良医和解药。我个人也要感谢您对那个虚构的我的同名者所讲的令人难忘的话，那个迟钝笨拙、体态可怕的家伙使我的生活变得非常困难，尽管他并非怀有恶意。

我要告诉大家，犹太民族的生存和命运不主要取决于外部因素，而是取决于我们自己。我们必须坚守那种道德传统，让犹太人历经风雨飘摇仍能生生不息数千载。在服务生命时，牺牲是一种美德。

# 反犹主义和青年学子

身为犹太人，只要生活在犹太人区，我们就必须忍受物质匮乏甚至是人身危险，但却没有社会或心理方面的问题。随着职业的解禁，犹太人的地位发生了改变，尤其是那些从事思想职业的犹太人。

中学和大学里的犹太青年会受到一个带有明确民族印记的社会的影响。对于这个社会，他们充满敬意，希望从中得到精神的滋养和归属感，而这个社会却带着轻蔑和敌意视之为异类。主要是受到这种精神力量不可抗拒的影响，而不是受功利主义驱使，一些人背弃了自己的民族和传统，自认为完全属于另一群人。他们试图在自己和别人面前掩盖一个事实，即人与人的关系绝非互惠平等，但却白费心机。这个可怜虫，在别人看来永远都是受过洗的犹太佬。在大多数情况下，他变成现在这样并非源于进取心和性格缺陷，而是如我所说，在数量和影响上占优势的环境力量使然。他当然知道，许多可敬的犹太子民为欧洲文明的繁荣做出过重要贡献，但除了少数例外，这些人不都跟他一样掩盖身份吗？

和许多心理疾病一样，这里的治疗也需要对疾病的本质和原因有清楚的认识。我们必须意识到自己的异族身份，并由此得出逻辑推论。试图用理性论证来说服别人相信犹太人在精神和思想上具有同等地位,那是没有用的,因为这些人的态度就不是源于理智。我们必须在社会意义上解放自己,主要靠自己来满足我们的社会需求。我们要有自己的学生社团,对非犹太人既要礼貌相待,又要保持距离,并且按照自己的方式生活,切忌染上与我们的本性格格不入的饮酒、斗殴等恶习。一个人可以既是文明的欧洲人,又是某个国家的好公民,同时也是忠诚的犹太人。若能将它铭记于心并且身体力行,具有社会本质的反犹主义问题就得到了解决。

# 关于巴勒斯坦重建问题的讲话

## 一

十年前，我有幸就犹太复国主义思想的推进第一次向大家讲话，那时几乎所有人都把希望寄托于未来。今天，我们可以欣慰地回顾这十年的历程，因为在此期间，犹太人民团结一心，在巴勒斯坦的建设工作中取得了辉煌的成就。对于这一成就，我们当时是不敢奢望的。



我们也成功地经受住了过去几年发生的事情所带来的严峻考验。我们怀着崇高的理想不懈工作，正扎实稳健地走向成功。英国政府最近发表的声明从更加公正的立场评价了我们的事业，对此我们表示肯定和感谢。

但我们绝不能忘记这次危机所带来的教训，那就是在犹太人与阿拉伯人之间建立良好的关系并不是英国人的事情，而是我们的事情。我们，也就是犹太人和阿拉伯人，必须达成有利的合作计划，以满足双方的共同需求。这个问题如能得到公正的解决，并惠及两个民族，其重要性和价值不亚于推动巴勒斯坦建设本身。须知，瑞士之所以代表比其他民族国家更高的政治发展阶段，正因为它有更大的政治问题。要想在不同族群中建立一个稳定的社会，必须首先解决这些问题。

要做的事情还有很多，但赫茨尔（Herzl）至少有一个愿望已经实现：他在巴勒斯坦所做的事业帮助犹太人显示出了惊人的团结和乐观，这是任何一个群体健康存活所必需的。

我们为了共同目标所做的事情不仅是为了我们在巴勒斯坦的兄弟们，也是为了整个犹太民族的安康和荣耀。

## 二

今天我们汇聚一堂，思索这个延续数千年的民族的命运和问题。我们这个民族有自己的道德传统，在困境面前总能显示出力量与活力。在各个时代，该传统都能孕育出一些人，他们代表着西方世界的良知，是人类尊严和正义的捍卫者。

只要我们心系这个民族，它就会继续为人类造福，尽管它尚未拥有自己独立的组织。几十年前，一些有识之士，尤其是令人难忘的赫茨尔，主张犹太人需要一个精神中心，以确保在困难时期也能团结一致。这样便产生了犹太复国主义思想及其在巴勒斯坦的安家落户，让我们可以望见到成功，至少是大有前途的开端。

我欣慰地看到，这些工作对于重振犹太民族贡献甚大，因为犹太人是各个民族中的少数族群，不仅面临着外部困难，心理上也有内在危机。

过去几年里，巴勒斯坦的建设工作面临重重危机，至今也没有完全克服。不过，最近的报道显示，全世界尤其是英国政府已经愿意承认，我们为犹太复国主义目标而付出的努力极富价值。此时此刻，我们怀着感激之情回忆起我们的领袖魏茨曼（Weizmann），没有他的巨大投入和明智审慎，这项伟大事业就不可能取得成功。

我们所经历的艰难困苦也并非没有好处。它再次向我们指明，将各国犹太人联系在一起的命运纽带是多么牢固。这场危机也使我们对巴勒斯坦问题的态度得以澄清，清除了民族主义思想的糟粕。我们已经明确宣布，我们的目标不是建立一个政治共同体，而是按照犹太人的古老传统建立一个广义上的文化共同体。为此，应以开诚布公、彼此尊重的方式来解决与阿拉伯兄弟共处的问题。借此机会可以展示一下，我们从数千年的苦难里学到了什么。如果路走得对，我们就会取得成功，并为其他民族竖立一个良好的榜样。

不论我们为巴勒斯坦做什么，都是为了整个犹太民族的荣耀与安康。

## 三

很高兴有机会对这个国家忠于犹太人共同目标的青年人讲几句话。不要因为我们在巴勒斯坦碰到的困难而泄气。这种经历正可检验我们犹太民族的生存意志。

批评英国当局的有关做法和声明是正当的。但我们绝不能满足于此，而应从中汲取教训。

必须高度重视与阿拉伯人的关系。保持好这种关系，今后才不致形成危险的张力，让人趁机煽风点火。这一目标完全可以实现，因为我们的建设工作始终而且必须同时服务于阿拉伯人民的实际利益。

这样我们就能避免动辄陷入令犹太人和阿拉伯人不快的境地，以致要请求强权介入调停和仲裁。为此，我们不仅要遵循天意，还要发扬传统，正是这一传统赋予了犹太共同体以意义和坚韧。犹太共同体现在不是，今后也不会是一个政治共同体，它完全基于一种道德传统。犹太人只有从这里才能源源不断地获得新的力量，生存也才能获得依据。

## 四

过去两千年来，犹太人的共同财富只存在于它的过去。流散在世界各地的犹太人所共有的仅仅是精心呵护的传统。虽然个别犹太人创造了巨大的文化价值，但整个犹太民族似乎不再能做出伟大的集体成就。

不过，现在一切都变了。历史赋予了我们一项伟大而崇高的任务，那就是齐心协力共建巴勒斯坦。许多著名的犹太人已经开始全力实现这一目标。现在，我们有机会建立一个文化中心，所有犹太人都应视之为己任。我们希望在巴勒斯坦建立一个本民族文化的家园，从而帮助唤醒近东人民对新的经济生活和精神生活的期待。

犹太复国主义运动的领袖们为之奋斗的不是政治目标，而是社会和文化目标。巴勒斯坦的犹太共同体应当着力实现先辈们在《圣经》中确立的社会理想，在现代思想生活中争得一席之地，成为全世界犹太人的一个精神中心。与此相应，在耶路撒冷创建一所犹太大学是犹太复国组织最重要的目标之一。

过去几个月我造访美国，帮助这所大学募集资金。这项事业的成功是很自然的。感谢美国犹太医生勤奋工作，甘于奉献，我们已经募集到足够的资金来创建一个医学院，并立即开展了初步的工作。这次成功使我确信，其他院系所需的资金不用多久也能募集完毕。医学院作为研究机构应当优先发展，从而维护国人健康，这是整个建设工作中极为重要的一个项目。大规模的教学日后才会变得重要。一批有才干的研究者已经准备接受大学的聘任，医学院的建立看来已经没有什么悬念。我还想指出，已经为这所大学设立一笔专项资金，它完全不同于一般的国家建设资金。在这几个月里，该项资金已经募集到相当的数量，这要感谢魏茨曼教授以及其他犹太复国主义运动领导人在美国不知疲倦的工作，特别是一些中产阶级作出了极大的自我牺牲。最后，尽管当前经济形势严峻，我还是要恳请德国的犹太人尽己所能为在巴勒斯坦建设犹太人家园贡献力量。这不是什么慈善活动，而是一项关乎所有犹太人的伟业，它的成功将使所有犹太人都至为骄傲。

## 五

对我们犹太人而言，巴勒斯坦建设绝不是慈善或安居的事情，而是对于犹太民族至关重要的问题。巴勒斯坦主要不是东欧犹太人的避难所，而是体现了整个犹太民族重新觉醒的团结友爱精神。这种团结友爱精神的觉醒与加强,难道不是正当其时和不可或缺吗?对于这个问题,无论出于直觉还是出于理性的理由,我们都应毫不含糊地回答“是”。

让我们回顾一下德国犹太人在过去一百年里的发展。一个世纪以前,犹太人的先辈还几乎都生活在贫民区。他们生活贫困,没有政治权利,在宗教传统、生活形态和法律限制等方面都迥异于非犹太人。在精神发展方面,他们主要限于犹太文学,文艺复兴以来欧洲精神生活的巨大提升并没有对它产生多大影响。然而,这些谦卑恭顺的先辈在一个方面领先于我们:他们每个人都全身心地属于一个集体,并因此而感到特别荣幸。该集体不要求他做任何与其自然思想方式相违的事情。那时我们的先辈虽然在精神和物质上极为匮乏,但在社会关系上却享有令人羡慕的精神平衡。

然后迎来了犹太人的解放,个人突然之间有了出乎预料的发展可能性。少数人很快便跻身上流的经济社会阶层。他们贪婪地汲取着西方艺术与科学的辉煌成就,满腔热忱地参与到这种发展中来,创造出持久的价值。同时,他们还模仿非犹太人的外在生活形式,采用非犹太人的风俗礼仪和思维习惯,与自己的宗教和社会传统渐行渐远。他们似乎正完全消泯于在政治和文化上更为发达的众多民族之中,几代之后可能就留不下任何痕迹了。在中欧和西欧,犹太人似乎不可避免会完全丧失民族特性。

但实际情况并非如此。各个民族似乎天生就有种族性。无论犹太人如何努力在语言、习俗甚至宗教形式上融入欧洲人的生活，他们与欧洲主人之间的异己感始终无法消除。反犹主义最终可以追溯到这种自发的异己感，因此不可能通过善意的教化来根除。各民族不愿混在一起，而希望各行其道。只有相互宽容尊重，情况才能令人满意。

为此，犹太人首先应当重新认识到，自己是作为一个民族而存在的，要想繁荣兴旺，就必须重获自尊。必须学习以我们的祖先和历史为荣，作为一个民族重新担负起文化使命，以增强我们的集体感。仅仅作为个人来参与人类的文化发展是不够的，还必须担负起一些只有整个民族才能完成的任务。只有这样，犹太人才能在社会上重获尊严。

希望大家从这个角度关注犹太复国主义运动。今天，历史赋予我们共同参与本民族经济文化建设的重任。一些满怀热情、才华横溢的人已经做了准备工作，许多优秀的犹太同胞也准备全身心地投入这项事业。希望他们都能充分认识到这项工作的重要性，并为之贡献力量。

# 巴勒斯坦建设团

在犹太复国主义的各种组织中,“巴勒斯坦建设团”的工作最能直接使当地最可贵的阶层获益,即那些用双手把不毛之地变成蓬勃发展的聚居地的人。这些劳动者坚强、自信而无私,是在自愿的基础上从整个犹太民族中挑选出来的精英。他们并非愚昧无知的苦力,要把自己的劳动成果卖给出价最高的人,而是受过教育、思想活跃的自由人。他们在这块荒芜的土地上默默奋斗,使整个犹太民族直接或间接地获益。尽量减轻他们沉重的负担,便是在拯救最可敬的一类人的生命。身为第一批移民,要在不宜居住的土地上定居下来,自然艰难而危险,免不了会有重大的个人牺牲。只有亲眼目睹者才能判定这是多么真实。谁能帮助改进他们的装备,谁就在关键时刻帮助了这项义举。

此外,只有这个劳动阶层才有能力同阿拉伯人建立起健康的关系,这是犹太复国主义最重要的政治任务。管理部门变动不居,但在民族生活中起决定作用的还是人与人的关系。因此,支持“巴勒斯坦建设团”同时也会推进巴勒斯坦的一种人道而高尚的政策,有效抵抗那些狭隘的民族主义暗流。如今,大到整个政治世界,小到巴勒斯坦政界,都饱受这些民族主义暗流之苦。

代表哈叶索特（Keren Hajessod）筹款组织所作的呼吁：

犹太人民族意识和荣誉的最大敌人是严重堕落，也就是说，追求财富和享受导致犹太人失去了德性，犹太社会结构的松懈则导致犹太人在内心中依赖周遭的非犹太人。只有全身心融入集体，一个人身上最好的东西才能发扬光大。因此，那些与自己的同胞失去了联系，又被宿主视为异己的犹太人便产生了道德危机。这种情况极易滋生可鄙而无趣的利己主义。



目前，对犹太人的外在压力尤其巨大。不过，这种困境对我们有好处。犹太民族的生命已经开始复兴，这是上一代人做梦也想不到的。通过在犹太人当中重新唤起团结意识，一些富有献身精神和远见卓识的领导人面对巨大困难而发起的复兴巴勒斯坦的计划已经取得了丰硕成果，我对其最终的胜利充满信心。对于世界各地的犹太人而言，这项成就有着非凡的价值。巴勒斯坦将成为所有犹太人的文化中心、最受压迫者的避难所、犹太精英的试验田、团结统一的理想所在，让全世界的犹太人保有心灵健康。

# 致一个阿拉伯人的信

1930年3月15日

读罢您的信，我非常高兴。它让我知道，阿拉伯世界心存善意，希望以适合我们两个民族的方式来解决当前的困难。我认为，这些困难更多是心理上的，而不是事实上的。假如双方都能带着真诚和善意，它们是能够解决的。

导致目前这种不利局面的原因是，阿拉伯人和犹太人在统治权方面将彼此视为对手。这对两个民族都没有好处。只有找到一条双方都能认可的中间道路，才能改变这个局面。



下面我要谈谈如何摆脱目前这种困境，不过我得补充一句，这只是我个人的看法，此前不曾与任何人讨论过。我之所以用德文写这封信，是因为我没有能力用英文来写，而且我想承担一切责任。我相信您能找到合适的犹太人朋友来翻译它。

成立一个“枢密院”（Geheimer Rat），犹太人和阿拉伯人各派四名代表，他们须独立于任何政治派别。

各方成员如下：

医生一名，由医师协会推选；

律师一名，由律师推选；

工人代表一名，由工会推选；

神职人员一名，由神职人员推选。

这八个人每周碰面一次。他们保证不为自己职业或民族的利益代言，而会依良知行事，竭尽全力为所有国民谋幸福。其商议内容要秘而不宣，严禁走漏风声，即使私下里也不行。如果就某个议题达成了决议，并且双方各有至少三人同意，该决议便可公之于众，但只能以整个枢密院的名义公布。倘若某位成员不同意，他可以退出枢密院，但仍负有保密义务。如果前面谈及的某个选举机构对枢密院的决议感到不满，可以更换代表。

这个“枢密院”虽然没有明确的职权范围，却能逐渐弥合分歧，共同代表国民的利益而行使委托统治权，从而超越于短命的政治。

# 犹太复国主义的必要性

致海尔帕赫（Hellpach）教授博士的信：

读了您关于犹太复国主义和苏黎世大会的文章，身为犹太复国主义思想的忠实信徒，我觉得有必要作出回应，哪怕很简短。

犹太人是一个由血统和传统来维系的群体，宗教绝非唯一的纽带。其他人对待犹太人的态度已经表明了这一点。我15年前来德国时才发现自己是犹太人，这一发现更多是缘于非犹太人而不是犹太人。

犹太人的悲剧在于，他们是一个具有特定历史的民族，却没有一个共同体将其团结在一起。结果是个体缺乏稳固的基础，甚至导致道义上的动摇。我意识到，要使犹太民族恢复健康，只有让世界上所有犹太人都依附于一个生气勃勃的社团，他们愿意加入此社团，因此在与世界上其他人打交道时，便能够忍受不得不承受的仇恨与屈辱。

看到可敬的犹太人遭到卑劣的歪曲和讽刺，我的心在流血。我目睹过学校、连环画报以及无数其他非犹太人占多数的文化势力是如何削弱我们最优秀同胞的自信心的。我觉得不能允许这种情况继续下去。

于是我意识到，唯有一项让全世界的犹太人都心向往之的共同事业，才能使这个民族恢复健康。赫茨尔的一大功绩在于，他不仅认识到了这一点而且大声疾呼：按照犹太人的传统态度，在巴勒斯坦建立一个民族家园，或者更准确地说建立一个中心，正是我们应当为之倾力奋斗的事业。

您把所有这一切称为民族主义，这种指控并非毫无道理。任何一种集体奋斗都可以被冠以这个丑陋的名号，但在这个充满敌意的世界上，若是没有这种奋斗，我们犹太人便生也不成死也不成。无论如何，这种民族主义的目标不是权力，而是尊严和安康。若不是生活在缺乏宽容、狭隘暴力的人当中，我一定最先抛弃所有形式的民族主义，支持普遍人性。

例如，若因犹太人想成为一个“国家”，便声称犹太人不可能是德国的好公民，这种反驳乃是基于对这个国家本性的误解，而这种误解又源于国内大多数人的不宽容。只要这种不宽容还在，我们便不会安全，无论我们自称“民族”（或“国家”）与否。

为简洁起见，我只能坦率直言。不过从您的文章可以看出，您注重的是内容而非形式。

# 献给利奥·拜克的格言

我要向此人表示敬意，他一生乐于助人、无所畏惧，从不肆意妄为、愤恨不平。伟大的道德领袖都有这种素质，它使人类在自作自受的苦难中得到慰藉。

企图智慧与权力兼得，鲜有成功者。即便能够成功，也是昙花一现。

人通常不愿认为别人很聪明——除非对方是敌人。

很少有人能够镇定自若地表达与其社会环境意见相左的看法。大多数人甚至形不成这样的看法。

愚蠢的大众永远所向无敌，而且总能稳操胜券。然而，他们的专制恐怖因其缺少一致性而有所缓和。

要成为羊群中一个纯洁无瑕的成员，必须首先是一只羊。

一个人脑袋里永远和平共存的对立和矛盾，使得乐观者和悲观者的一切政治体系皆成虚妄。

谁要是自封为真理和知识领域的裁判官，就会在诸神的笑声中覆灭。

观察和理解的乐趣，是大自然最美的恩赐。

# 五　科学贡献

# 研究的原则

在马克斯·普朗克（Max Planck）60岁生日宴会上的讲话：

科学的圣殿是一座多层楼阁，住在里面的人真是各种各样，引导其进入的动机也各不相同。有些人喜欢科学是因为他们出众的智力能够带来愉快的感受，科学是一项与之相称的活动，可以带来生动而强烈的体验，并使他们的雄心壮志得到满足。还有不少人仅仅出于功利目的而把智力成果供奉到这座圣殿里。倘若上帝的天使跑来把这两类人都赶出圣殿，那里就有被清空的可能，但仍有一些人会留在圣殿里，古人和今人都有。我们的普朗克就是其中之一，这正是我们爱戴他的原因。

我当然知道，方才在想象中会把许多卓越的人扫地出门，他们为建造这座科学圣殿做出了很大贡献甚至是主要贡献；在许多情况下，我们的天使也会难以定夺。但有一点我可以肯定，倘若圣殿里只有被驱逐的那两类人，那么这座圣殿就永远不可能建成，正如只有蔓草就长不成森林。对于这些人来说，他们其实从事任何人类活动都行，他们最终成为工程师、官员、商人还是科学家，完全取决于外在环境。

现在我们再来看看那些受天使宠爱的人。他们大都有些特立独行和不善交际，但除了这些共同特征，他们彼此之间的相似之处却不及被赶走的那群人。是什么东西把他们引入了这座圣殿呢？回答这个问题并不容易，而且肯定不能一言以蔽之。首先，我同意叔本华所说，把人引向艺术和科学的最强烈的动机之一，是逃离日常生活中令人痛苦的粗俗和令人绝望的空虚，摆脱变化无常的欲望的束缚。与世无争者渴望逃离个人生活，进入客观现象和思想的世界。这种动机就如同城市里的人不由自主地渴望逃离喧闹拥挤的环境，躲进幽静的高山，透过清澄纯净的空气举目远眺，沉醉于似乎为永恒而造的宁静景致。

不过，除了这种消极的动机，还有一种积极的动机。人们总想以某种适合自己的方式建立一幅简化的、可理解的世界图像，并试图用这幅图像来取代和克服经验世界。这就是画家、诗人、思辨哲学家和自然科学家以各自的方式去做的事情。每个人都把这幅图像及其构造当作感情生活的中心，在狭窄而混乱的个人经验领域找到那份久违的平和与安定。

在所有这些可能的世界图像中，理论物理学家的世界图像占据着什么位置呢？它要求以最大的严密性和精确性来描述各种关系，而这只有用数学语言才能达到。为此，物理学家必须严格限制自己的主题：他必须满足于描述我们经验所能给出的最简单的事件；企图以理论物理学家所要求的那种精密性和逻辑性把一切更为复杂的事件重构出来，则超出了人类理智的能力。要想得到高度的纯粹性、清晰性和确定性，就要牺牲完备性。但如果畏缩而胆怯地把一切较为微妙复杂的东西都撇开不管，那么彻底认识自然界的一个小部分还有什么吸引力呢？这种谦卑的努力成果配得上“世界图像”这个高贵的名号吗？

我认为是配得上的，因为理论物理学的思想大厦所基于的一般定律声称对任何自然现象都有效。有了它们，就可以通过纯粹的思想推导来描述包括生命过程在内的一切自然过程，也就是得出关于这些过程的理论，除非这种推导过程远远超出了人类的理智能力。因此，放弃物理世界图像的完备性倒不是什么原则性的问题。

因此，物理学家的最高使命是寻求那些最一般的基本定律，由它们推导出世界图像。这些定律的发现并无逻辑途径可循，而只有通过建立在经验同感基础上的直觉。由于这种方法论上的不确定性，人们可能以为这样就会有任意多个理论物理学体系具有同样的合理性。从原则上讲，这种看法无疑也是正确的。但物理学的发展已经表明，在任何时候，在所有可能设想的构造中，总有一个远远优于所有其他构造。凡是真正深入研究过这个问题的人都不会否认，其实是现象世界唯一决定了理论体系，尽管现象与理论原理之间并无逻辑桥梁。这就是莱布尼茨欣然所说的“前定和谐”。物理学家们常常指责研究认识论的人对此不够重视。在我看来，几年前马赫和普朗克之间的论战，其根源就在这里。

渴望看到这种前定和谐乃是无穷的耐心与毅力的源泉。我们看到，普朗克正是怀着这种渴望而致力于这门科学中最一般的问题，而不是让自己分心于那些更能取悦人和更容易达到的目标。我的同事们常常把他的这种态度归功于非凡的意志力和磨练，我认为这是完全错误的。促使人去从事这种工作的情感状态类似于宗教信徒或谈恋爱的人，他们每天的努力并非源于事先的意图或计划,而是源于一种直接的需求。

我们敬爱的普朗克就坐在这里,内心在笑我像孩子一样提着第欧根尼的灯笼闹着玩。我们对他的爱戴无需作俗套乏味的说明。希望对科学的爱能继续照亮他的道路,引领他去解决今天最重要的物理学问题。他本人提出了这个问题,并已朝着问题的解决推进了一大步。祝愿他能把量子论同电动力学和力学成功地统一在一个逻辑一致的体系中。

# 理论物理学的原理

## 在普鲁士科学院的就职讲话

尊敬的同事们：

首先要衷心感谢你们，这是像我这样的人所能得到的最大恩惠。当选为科学院院士使我可以不必为职业生活而发愁和操心，全身心地致力于科学研究。即使我的努力没有换来你们所期望的成果，也请相信我的感激之情和勤勉努力。

接下来，请允许我谈谈我的研究领域，即理论物理学与实验物理学的关系。最近，一位数学家朋友半开玩笑地对我说："数学家能做许多事情，但肯定做不到你当时想让他做的那些事情。"实验物理学家求教于理论物理学家的时候，情况也往往如此。是什么导致了这种独特的适应性缺乏呢？

理论家的方法是把一般假设或原理用作基础，并从中推导出结论。于是，他的工作可以分成两部分。首先他必须发现那些原理，然后由这些原理推导出结论。他在学校里已经得到了很好的知识和训练，能够顺利完成第二项任务。因此，如果在某个领域或者对于一组相互联系的现象，他的第一个问题是已经解决了的，那么只要他足够勤奋和聪明，就一定能够成功。但上述第一项任务，即确立可以作为推导基础的原理，却与此完全不同。这里并没有什么可以学习和系统运用的方法来达到目标。研究者必须从庞杂的经验事实中觉察出一些可以精确表述的一般特征，才能从自然中获得那些一般原理。

一旦成功作出这种表述，便可得出一连串推论，它们往往会揭示出一些意想不到的关系，远远超出了这些原理所源自的事实领域。然而，只要作为推导基础的原理尚未找到，个别经验事实对于理论家来说就几乎毫无用处。事实上，单靠一些从经验中抽象出来的、孤立的一般定律，他什么也做不成。面对着经验研究的个别结果，他将始终无能为力，直至找到那些能够作为演绎推理基础的原理。

关于低温下的热辐射和分子运动定律，目前理论的情况就是这样。大约15年前，还没有人会怀疑，只要把伽利略-牛顿力学应用于分子运动，并且根据麦克斯韦的电磁场理论，就可以正确地解释物体的电学、光学和热学性质。然而普朗克表明，要想建立同经验一致的热辐射定律，就必须使用一种计算方法，它与经典物理学的原理变得越来越不相容。为了使用这种计算方法，普朗克将所谓的量子假说引入了物理学，自那以后，该假说得到了完美的证实。他把这种量子假说应用于以足够低的速度和足够高的加速度运动着的足够小的物体上，从而推翻了经典物理学，因此在今天，伽利略和牛顿所提出的运动定律只能被视作极限定律。理论家们尽管已经付出了艰苦的努力，但迄今为止仍然未能用一些满足普朗克的热辐射定律或量子假说的原理来取代力学原理。虽然我们已经确定地表明，热需要由分子运动来解释，但必须承认，我们今天对于这种运动的基本定律的了解，就如同牛顿之前的天文学家对于行星运动的了解一样粗浅。

我刚才提到的一组事实，还没有什么原理能对其作理论处理。但还可能有另外一种情况：由明确表述的原理推导出的结论完全或几乎完全超出了我们目前经验所及的事实领域。在那种情况下，可能需要多年的经验研究，才能查明这些理论原理是否符合实在。在相对论中就有这样的情况。

对空间和时间这两个基本概念的分析已经表明，由运动物体的光学所给出的真空中的光速不变原理绝不能迫使我们接受静止的光以太理论。恰恰相反，有可能提出一种一般理论来解释这样一个事实：在地球上所作的实验永远也无法揭示地球的任何平移运动。这便会用到相对性原理：从原先的（合理的）坐标系过渡到相对于它作匀速平移运动的新坐标系时，自然定律并不改变形式。该理论已经得到了大量经验验证，也简化了对一组已经有所关联的事实的理论描述。

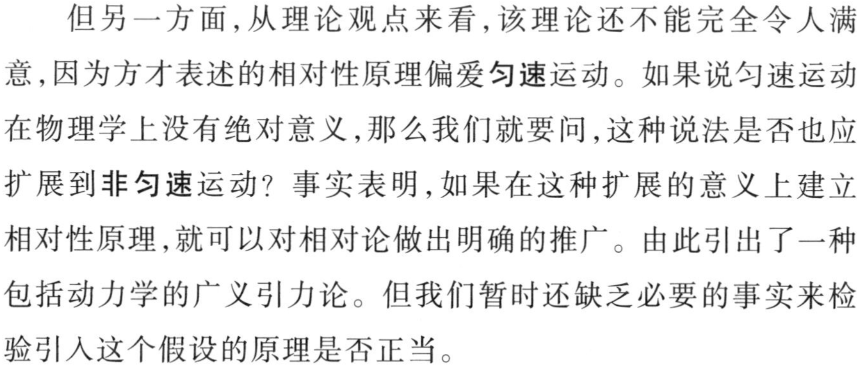

但另一方面，从理论观点来看，该理论还不能完全令人满意，因为方才表述的相对性原理偏爱**匀速**运动。如果说匀速运动在物理学上没有绝对意义，那么我们就要问，这种说法是否也应扩展到**非匀速**运动？事实表明，如果在这种扩展的意义上建立相对性原理，就可以对相对论做出明确的推广。由此引出了一种包括动力学的广义引力论。但我们暂时还缺乏必要的事实来检验引入这个假设的原理是否正当。

业已查明，归纳物理学会向演绎物理学提出问题，演绎物理学也会向归纳物理学提出问题，回答这些问题需要我们全力以赴。愿我们团结起来，群策群力，不用多久就能取得重大突破！

# 论理论物理学的方法

若想从理论物理学家那里了解他们使用什么方法，我建议坚持这样一条原则：不要听其言，而要观其行。对于这个领域的发现者而言，其想象力的产物是如此必然和自然，以至于他会认为并且希望别人也认为，它们不是思想的创造，而是既定的实在。

这些话听起来像是让大家离开这个讲堂。因为你们可能会心想，这个人是从事实际工作的物理学家，因此应把理论科学的结构问题留给认识论者去研究。

针对这种批评，我可以从个人观点为自己辩护，向大家保证我不是自己要来的，而是应别人的友好邀请才登上这个为纪念一个毕生追求知识统一性的人而设立的讲坛。但事实上，我站在这里是有正当理由的：了解一个毕生致力于澄清和改进科学基础的人是如何思考他的科学的，也许会让人感兴趣。他对这门科学过去与现在的看法，也许太过依赖于他对未来的期待和目前的追求，但这是任何一个深深地沉浸在思想世界中的人所不可避免的命运。类似的情况也发生在历史学家身上，历史学家也以同样的方式——尽管可能是无意识地——根据自己对人类社会所形成的理想把实际事件组织起来。

现在让我们浏览一下理论体系的发展，同时特别注意理论内容与经验事实总和之间的关系。它涉及这个领域里两个不可分割的知识组分即经验与理性之间的永恒对立。

古希腊被誉为西方科学的摇篮。这里第一次见证了欧几里得几何学这个逻辑系统的奇迹，该体系一步步地精确产生出来，以至于它的每一个命题都是绝对不容置疑的。理性的这项惊人成功使人的理智有信心做出后来的成就。倘若欧几里得未能激起你少年时代的热情，你就不是一个天生的科学思想者。

但科学要想成熟到能将整个实在包含在内，还需要另一种基本认识，这种认识直到开普勒和伽利略才成为哲学家的共识。单凭逻辑思维无法使我们获得关于经验世界的知识，一切关于实在的知识都是从经验出发，以经验结束。通过纯逻辑手段得到的命题对于实在来说是完全空洞的。伽利略认识到了这一点，尤其是因为他向科学界反复灌输这一点，他才成为近代物理学之父，事实上也是整个近代科学之父。

然而，如果经验是我们关于实在的一切知识的起点和终点，那么纯粹理性在科学中又起什么作用呢？

完整的理论物理学体系是由概念、对这些概念有效的基本定律以及通过逻辑演绎而导出的结论所组成的。这些结论必须符合我们单独的经验。在任何理论著作中，对它们的逻辑推导几乎要占据全部篇幅。

在欧几里得几何学中，情况正是如此，只不过那里的基本定律被称为公理，而且也没有结论必须符合经验的问题。但如果认为欧几里得几何学研究的是准刚体在空间中可能的相互关系，也就是将它看成一门物理科学，而不是抽出它原初的经验内容，那么几何学与理论物理学在逻辑上的同质性就完整无缺了。

这样我们就指定了理性和经验在一个理论物理学系统中的位置。理性给出了该系统的结构，而经验内容及其相互关系则应在理论的结论中得到表达。整个系统，尤其是它的基本概念和基本原理，唯一的价值和理由就在于这样一种表达的可能性。此外，这些基本概念和基本原理都是人类理智的自由发明，既不能通过人类理智的本性、也不能以任何先验的方式来证明。

这些在逻辑上无法进一步还原的基本概念和假设构成了理论不可或缺的部分，它们是理性所无法把握的。所有理论的崇高目标都在于让这些不可还原的基本要素尽可能简单，数量尽可能少，同时不必放弃对任何经验内容的恰当表达。

我刚才概述的关于科学理论基础具体纯虚构性的观点在18、19世纪绝不占主导地位，然而它目前却日渐流行，因为逻辑结构越简单，也就是支撑整个结构所需的逻辑上独立的概念要素越少，基本概念和定律与必须同我们的经验相联系的那些结论在思想上的距离就越大。

牛顿第一次创造出一个全面可行的理论物理学系统，他仍然相信其系统的基本概念和定律可以从经验中推导出来。这无疑就是他所说的“我不杜撰假说”（*hypotheses non fingo*）的意思。

事实上，时间和空间概念在那时似乎还没有什么问题。质量、惯性和力的概念以及把它们联系起来的定律似乎都直接来自经验。然而，一旦接受这个基础，引力的表达式似乎就可以从经验中推导出来,而且可以合理地期待别的力也是如此。

从牛顿的表述中可以看出,包含着绝对静止概念的绝对空间概念使他感到不安。他意识到,绝对静止概念在经验中似乎没有对应。对于引入超距作用力,他也感到不安。但他的学说在实践上取得的巨大成功很可能阻碍了他和18、19世纪的物理学家认识到其系统基础的虚构性。

恰恰相反,当时的自然哲学家大都认为,物理学的基本概念和假设并非人的心灵在逻辑意义上的自由发明,而是可以通过"抽象"——即通过逻辑方式——从经验中推导出来。事实上,直到广义相对论出现,人们才清楚地认识到这种看法是错误的。广义相对论表明,可以在完全不同于牛顿的基础上,以更加令人满意和更加完备的方式来解释更广的经验事实。然而,撇开理论的优越性问题不谈,基本原理的虚构性是非常明显的,因为我们可以指出两条与经验大体符合但本质上不同的原理。由此可以证明,任何以逻辑方式从基本经验中导出力学的基本概念和假设的努力都注定要失败。

如果理论物理学的公理基础不能从经验中抽取出来,而必须是自由发明的,那么还是否有希望找到正确的道路呢?这条正确的道路难道仅存于我们的幻想中吗?如果一些理论(比如经典力学)能在很大程度上恰当地处理经验,但没有从深层次把握事物,那么我们还能否指望把经验当做我们可靠的向导呢?对此我会毫不犹豫地回答,我认为的确存在着这样一条正确的道路,并且有能力找到它。根据已有的经验,我们有理由相信,大自然是可以设想的最简单数学观念的实现。我深信,通过纯粹的数学构造，我们能够发现那些概念以及把它们联系起来的定律，它们为理解自然现象提供了钥匙。经验也许可以暗示恰当的数学概念，但数学概念绝不可能从经验中推导出来。当然，经验始终是判断数学构造是否有物理用处的唯一标准，但创造性原则却在数学之中。因此在某种意义上我认为，纯粹思维能够把握实在，就像古代人所梦想的那样。

为了证明这种信念是正当的，我不得不使用一个数学概念。物理世界被表示为一个四维连续体。若假定其中有一种黎曼度规，并探究这种度规可以满足哪些最简单的定律，那么我就得到了真空中的相对论性引力论。若假定从空间中可以导出一个矢量场或反对称张量场，并探究这种场可以满足哪些最简单的定律，那么我就得到了真空中的麦克斯韦方程。

在这里，我们仍然缺少理论来描述空间中电荷密度不为零的那些部分。德布罗意曾推测有一种波场存在，可以解释物质的某些量子性质。狄拉克发现旋量（Spinoren）是一种新的场量，其最简单的方程能使人能基本上推出电子的性质。现在，我与我的同事瓦尔特·迈尔（Walter Mayer）博士合作发现，这些旋量构成了一种在数学上与四维相联系的新的场的特例，我们称之为“半矢量”。这种半矢量可能服从的最简单方程为理解具有不同静止质量和相反等量电荷的两种基本粒子的存在提供了钥匙。除了通常的矢量，这些半矢量就是四维度规连续体里数学上最简单的场，它们似乎能够自然地描述带电粒子的某些根本性质。

对我们来说重要的是，所有这些构造以及把它们联系起来的定律都可以通过寻求数学上最简单的概念及其联系这一原则来得到。在数学上存在的简单的场的类型以及它们之间可能存在的简单方程,两者的数目都很有限,这正是理论家们深入把握实在的希望所在。

同时,这种场论最大的困难在于理解物质和能量的原子结构。因为该理论只使用空间的连续函数,所以就其基础而言是非原子的,这与经典力学相反,经典力学最重要的要素是质点,它本身就已经恰当地处理了物质的原子结构。

现代量子论与德布罗意、薛定谔和狄拉克等人的名字联系在一起,并且使用连续函数,它用一种由马克斯·玻恩最早清晰给出的大胆解释克服了这些困难:方程中出现的空间函数并不是原子结构的数学模型。这些函数据说只决定了测量时这种结构处于特定地点或特定运动状态下的数学概率。这种想法在逻辑上是无可非议的,而且已经取得了重大成功。但不幸的是,它迫使人们使用一种连续体,其维数并不是迄今为止物理学的空间维数(即四维),而是随着组成系统的粒子数目而无限增加。必须承认,我认为这种解释只有一种暂时的意义。我仍然相信可能有一种实在模型,即这样一种理论,它描述的是事物本身,而不仅仅是它们出现的概率。

另一方面,我认为必须放弃理论模型中粒子完全定域的想法。在我看来,这是海森伯不确定性原理的最终结果。但完全可以设想一种真正意义上的原子理论(而不仅仅是基于一种解释),不赋予粒子在数学模型中的定域性。例如,为了解释电荷的原子特征,只需使场方程导出以下结论:边界上电荷密度处处为零的三维空间区域永远包含总量为整数的总电荷。在连续体理论中,原子特征可以由积分定律令人满意地表示出来,而不必确定组成原子结构的那些东西的位置。

直到以这种方式将原子结构成功地表示出来,我才会认为量子之谜得到了解决。

# 几何学与经验

数学之所以享有比其他一切科学更特殊的声誉，一个原因在于，它的命题是绝对确定和不容置疑的，而其他所有科学的命题在某种程度上都是有争议的，而且总有被新发现的事实推翻的危险。不过，其他科学领域的研究者也没有必要羡慕数学家，因为数学命题只涉及我们想象中的对象，而不涉及实在对象。如果已就基本命题（公理）以及由此推导出其他命题的方法达成一致，那么得出一致的逻辑结论不足为奇。但数学之所以有这么高声誉，还因为数学赋予了精确自然科学以某种程度的确定性，如果没有数学，这些科学是达不到这种确定性的。

这里有一个谜激起了古往今来研究者的兴趣。数学既然是人类思想的产物，而不依赖于经验，它为何能够如此成功地符合实在对象呢？那么，是不是不要经验只靠思想，人的理性就能彻底了解实际事物的性质呢？

我认为，对这个问题的回答简要说来就是：数学命题只要涉及实在，就不是确定的；只要是确定的，就不涉及实在。在我看来，只有通过数学中所谓的“公理学”倾向，这种事态才能完全清晰起来。公理学取得的进步在于把“逻辑的-形式的”东西同事实的或直观的内容清楚地分离开来。根据公理学的说法，数学对象仅仅是“逻辑的-形式的”东西,而不涉及直观的或与“逻辑的-形式的”东西有关的其他内容。

我们暂且从这个观点来考察任何几何学公理,比如:过空间中的两点总有一条而且只有一条直线。如何在较早的意义和较为现代的意义上来解释这条公理呢?

较早的解释:人人都知道什么是直线,什么是点。这种知识究竟来自于人的心灵能力还是来自于经验,来自于这两者的共同作用还是有其他来源,这无需由数学家来决定,他把这个问题留给了哲学家去探讨。上面那条公理以这种先于一切数学的知识为依据,它和其他一切公理一样是自明的,也就是说,它所表达的是这种先验知识的一部分。

较为现代的解释:几何学处理的对象由“直线”“点”等一些词来称呼。这些对象并不预设任何知识或直观,而只以公理(比如上面那条公理)的有效性为前提,这些公理需要在缺乏一切直观或经验内容的纯形式意义上来理解。这些公理是人类心灵的自由创造。其他一切几何学命题都是这些(从唯名论意义上来理解的)公理的逻辑推论。公理定义了几何学处理的对象。因此,石里克(Schlick)在他的一本认识论著作中非常恰当地将公理称为“隐定义”。

现代公理学所倡导的这种公理观清除了数学的一切外在要素,从而也驱散了以前笼罩着数学基础的神秘疑云。但这样一种经过删减的阐释也清楚地表明,数学本身对于直观想象的对象或实在对象不能作出任何断言。在公理几何学中,只能把“点”“直线”等词理解成没有内容的概念框架。至于是什么东西赋予了它们内容,则与数学无关。

但另一方面,一般的数学尤其是几何学之所以产生,肯定是为了了解实际物体的行为。“几何学”(geometry)一词的原义“土地测量”已经证明了这一点,因为土地测量涉及某些自然物(即土地的部分、量线、量杆等)彼此之间排列的可能性。仅有公理几何学的概念体系显然无法对这种实际对象(我们将称之为“似刚体”)的行为作出任何断言。为了能够作出这种断言,几何学必须把实际的可经验对象与公理几何学空的概念框架协调起来,从而去掉其纯逻辑-形式特征。为了做到这一点,我们只需加上这样一个命题:刚体之间可能的排列关系就像三维欧几里得几何学中的形体一样。这样一来,欧几里得几何学的命题就包含了关于似刚体行为的断言。

这样补充的几何学显然是一门自然科学,我们甚至可以把它看成最古老的物理学分支。它的断言实质上基于经验归纳,而不仅仅基于逻辑推理。我们把这样补充的几何学称为“实用几何学”,并把它同“纯公理几何学”区分开来。宇宙的实用几何学究竟是不是欧几里得几何学,这个问题有着明确的意义,其答案只能由经验来提供。如果采用光沿直线传播这条经验定律,即光在实用几何学的意义上沿直线传播,那么物理学中的一切长度测量都属于这种意义上的实用几何学,测地学和天文学中的长度测量也是如此。

这种对几何学的看法对我有特殊的意义,因为没有它我就提不出相对论。也就是说没有它,以下考虑就不可能:在一个相对于惯性系转动的参照系中,由于洛伦兹收缩,刚体的排列定律不再符合欧几里得几何学的规则；于是，如果承认非惯性系也有同等地位，就必须放弃欧几里得几何学。如果没有上述解释，就一定不会采取通往广义协变方程的决定性步骤。如果拒绝承认欧几里得公理几何学的形体与实际的准刚体之间的关系，我们就很容易得出敏锐而深刻的思想家彭加勒所主张的观点：欧几里得几何学以其简单性胜过了所有其他可以设想的公理几何学。现在，由于仅凭公理几何学并不能对可经验的实在做出断言，而只有结合物理定律才能做到这一点，因此无论实在的本性如何，保留欧几里得几何学应当是可能的，而且也是合理的。因为一旦理论与经验之间出现矛盾，我们宁可改变物理定律，也不愿改变欧几里得的公理几何学。事实上，如果拒绝承认准刚体与几何学之间的关系，我们就难免会约定，应把欧几里得几何学当作最简单的几何学予以保留。



彭加勒等研究者为何拒不承认准刚体与几何形体之间如此明显的等价性呢？那是因为经过进一步考察可以发现，自然之中的实际固体并不是刚性的，因为它们的几何行为（即它们相对排列的各种可能性）依赖于温度、外力，等等。于是，几何学与物理实在之间原初的直接关系似乎遭到了破坏，我们不得不倾向于以下更一般的观点，这也是彭加勒观点的典型特征：几何学（G）并不断言实际物体的行为，只有几何学加上全部物理定律（P）才能做到这一点。如果用符号来表示，我们可以说：只有（G）+（P）才能得到实验验证。于是，（G）可以任意选取，（P）的某些部分也可以任意选取，所有这些定律都是约定。为了避免矛盾，需要注意的是如何选取（P）的其余部分，使得（G）与全部（P）合起来能够符合经验。根据这种理解，公理几何学和已经约定的那部分自然定律在认识论上似乎是等价的。

我认为，从永恒的观点来看（*sub specie aeterni*），彭加勒是正确的。量杆的观念以及在相对论中与之协调的时钟的观念在现实世界中是找不到与之完全对应的东西的。同样明显的是，在物理学的概念大厦中，固体和时钟并非不可还原的要素，而是有着复合的结构，它们在理论物理学中不能扮演任何独立角色。但我相信，在现阶段的理论物理学中，这些概念仍要作为独立概念来使用，因为我们还不够了解原子结构的理论原理，使我们能从理论上由基本概念构造出固体和时钟。

此外，有人反驳说，自然之中没有真正的刚体，因此所讲的刚体性质并不适用于物理实在。初看起来，这种反驳似乎很深刻，但其实不然。因为我们不难精确地确定测量物体的物理状态，使之相对于其他测量物体的行为清晰到足以用它来代替“刚”体。关于刚体的陈述正是相对于这种测量物体而言的。



整个实用几何学都基于一条为经验所能及的原理，我们现在就来回想一下。假设在一个准刚体上标出两个记号，并把这样一对记号称为一个截段。我们设想有两个准刚体，在每一个上面都标出一个截段。如果一个截段的两个记号能与另一个截段的两个记号永远重合，那么就说这两个截段“彼此相等”。我们现在假定：

如果两个截段在某时某地相等，那么不论在何时何地都永远相等。

不仅欧几里得的实用几何学，而且它最近的推广即黎曼的实用几何学以及广义相对论,也都以这一假定为基础。我只讲一个实验根据来证明这一假定是正确的。光在真空中的传播为每一段局域时间都指定了一个截段,即相应的光程,反之亦然。因此,上述关于截段的假定在相对论中也必定适用于时钟的时间间隔。因此可以作如下表述:如果两个理想时钟在某时某地走得同样快慢(那时它们相互紧靠),那么无论何时何地,当它们再在同一地点进行比较时,它们都将走得同样快慢。如果这条定律对于自然时钟无效,那么同一种化学元素的各个原子的本征频率就不会像经验显示的那样完全一致。锐谱线的存在是对上述实用几何学原理的令人信服的实验证明。归根结底,这个理由使我们能够有意义地谈论四维空-时连续体的黎曼度规。

根据这里主张的观点,这个连续体的结构究竟是欧几里得的、黎曼的还是其他的,是一个必须由经验来回答的物理学问题,而不是一个为求方便而进行选择的约定问题。如果所考察的空-时区域越小,准刚体的排列定律就越接近于欧几里得几何形体的定律,那么黎曼几何学就是适用的。



这里提出的对几何学的物理解释虽然在直接应用于亚分子量级的空间时失败了,但即使在那些关于基本粒子构成的问题中,它也仍然有部分意义。因为即使是对构成物质的带电基本粒子进行描述,也仍然可以尝试把物理意义赋予那些原本为了描述比分子大的物体的几何行为而进行物理定义的场的概念。要求黎曼几何的基本概念在其物理定义的范围之外仍然有物理实在性,这种尝试是否正当只有靠成功与否来判断。也许结果会表明,这种外推并不比把温度概念外推到分子量级的物体部分上去更恰当。

把实用几何学的概念扩展到宇宙量级的空间上去似乎不太成问题。也许有人会反驳说,由固体杆组成的结构的空间范围越大,它距离刚性理想就越远。但这种反驳大概很难有什么根本意义。在我看来,宇宙在空间上是否有限,是完全有意义的实用几何学问题。我甚至认为,天文学可能不用多久就能回答这个问题。让我们回忆一下广义相对论在这方面的教导。它提供了两种可能性:

1. 宇宙在空间上是无限的。这只有当宇宙中集中在星体里的物质的平均空间密度等于零时才有可能,也就是说,只有让所考察的空间变得越来越大,使得星体的总质量与散布着星体的空间体积之比无限地趋近于零时,才有可能。

2. 宇宙在空间上是有限的。如果宇宙空间中有重物质的平均密度不等于零,则这种可能性必然成立。平均密度越小,宇宙的体积就越大。

必须指出,支持有限宇宙假说有一个理论根据。广义相对论告诉我们,物体近旁的有重物质越多,它的惯性就越大。因此,将一个物体总的惯性归结为它与宇宙中其他物体的相互作用似乎是很自然的,事实上,自牛顿以来,重力已被完全归结为物体之间的相互作用。由广义相对论的方程可以推出,只有当宇宙在空间上有限时,才能把惯性完全归结为质量之间的相互作用(如马赫所要求的)。

许多物理学家和天文学家并不看好这种论证。归根结底,只有经验才能决定这两种可能性中哪一种在自然界中得到了实现。经验如何能够提供答案呢？初看起来，似乎可以通过可观察的那部分宇宙来测定物质的平均密度。这种希望是不现实的。可见星体的分布是极不均匀的，没有理由认为，宇宙中星体物质的平均密度等于比如说银河系中的平均密度。无论如何，不论所考察的空间有多大，都不能确定在这个空间之外没有更多的星体。因此，估算平均密度似乎是不可能的。

但还有一条道路在我看来是更加可行的，尽管它也存在着很大困难。如果研究广义相对论的可由经验验证的推论与牛顿理论的推论之间存有偏差，那么我们首先会在引力物质附近发现偏差，这已在水星的例子中得到了确证。但如果宇宙在空间上是有限的，那么就会与牛顿理论有第二个偏差，用牛顿理论的语言来说可以这样表述：引力场似乎不仅由有重物质产生，还由均匀分布于空间中的带负号的质量密度产生。由于这个虚设的质量密度必定极小，只有在非常巨大的引力系统中才觉察得到。

假定已知星体在银河系中的统计分布和质量，然后根据牛顿定律，就可以计算出引力场，以及为使银河系在其各个星体的相互吸引下不会坍塌而是保持其实际大小，这些星体所必须具有的平均速度。如果星体实际的平均速度——它们能被测量出来——小于计算出来的速度，我们就能证明，在远距离处的实际吸引力小于根据牛顿定律计算出来的结果。由这样一个偏差就可以间接证明宇宙是有限的，甚至可以估计它的空间大小。

# 什么是相对论?

我很高兴应你们的同事之邀,为《泰晤士报》写点关于相对论的东西。在学者之间曾经活跃的交往令人惋惜地中断之后,很高兴借此机会来表达我的喜悦和对英国天文学家和物理学家的感激之情。贵国著名科学家花费了大量时间和精力,科研机构也耗费了大量财力,以检验战争期间在你们敌国发表和完善的一种理论,这充分彰显了贵国伟大而光荣的科学研究传统。虽然太阳引力场对光线的影响是一个纯粹客观的研究主题,但我还是忍不住要以我个人的名义对英国同事们的工作表示感谢。正因为这项工作,我才得以在有生之年看到我的理论蕴含的最重要结论得到验证。

我们可以把物理学理论分成不同种类。大多数理论是构造性的,它们试图从相对简单的形式体系出发,在此基础上构造出更复杂现象的图像。气体运动论就试图把机械的、热的扩散过程还原为分子运动,即由分子运动假说构造出这些过程。当我们说理解了一组自然过程时,我们的意思永远是,已经找到了一种构造性的理论来描述这些过程。

除了这一类重要的理论,还有第二类理论,我称之为“原理性理论”。它们使用的是分析法,而非综合法。构成其基础和出发点的要素不是由假说构造出来的，而是在经验中发现的自然过程的一般特征。这些原理给出了自然过程或其理论描述所必须满足的用数学表达的标准。热力学就试图运用分析法，从永恒运动不可能这一普遍的经验事实出发，推导出各个事件必须满足的必要条件。

构造性理论的优点在于完整性、适应性和清晰性，原理性理论的优点则在于逻辑的完美性和基础的可靠性。

相对论属于原理性理论。为了理解它的本质，首先要理解它所基于的原理。但在讲这些之前，必须指出，相对论就像一座由狭义相对论和广义相对论组成的双层建筑。作为广义相对论之基础的狭义相对论适用于除引力以外的一切物理现象，广义相对论则给出了引力定律以及引力与其他自然力的关系。

当然，自古希腊时代起，人们就已经知道，要想描述一个物体的运动，需要有另一个物体作为前一物体运动的参照。车子的运动是参照地面来说的，行星的运动则是参照所有可见恒星来说的。在物理学中，诸事件在空间上参照的东西被称为坐标系。例如，伽利略和牛顿的力学定律只有借助于坐标系才能表述出来。

然而，要使力学定律有效，坐标系的运动状态不能任意选取（它必须没有转动和加速）。力学中所容许的坐标系被称为“惯性系”。按照力学，惯性系的运动状态并非由自然界唯一决定。恰恰相反，以下定义是成立的：相对于惯性系作匀速直线运动的坐标系同样是惯性系。所谓“狭义相对性原理”是指把这个定义推广到包含一切自然事件。于是，凡是对坐标系C有效的普遍自然定律，对于相对C作匀速平移运动的坐标系C' 也必定有效。

狭义相对论所基于的第二条原理是“真空中光速不变原理”。这条原理断言，光在真空中总有一个确定的传播速度，同观测者或光源的运动状态无关。物理学家对这条原理的信任源于麦克斯韦和洛伦兹的电动力学所取得的成功。

上述两条原理都得到了经验的强有力支持，但在逻辑上似乎并不相容。通过修改运动学，即（物理学的观点中）与空间和时间有关的定律的学说，狭义相对论最终成功地使它们在逻辑上协调了起来。于是，除非相对于某个给定的坐标系，否则说两个事件是同时的就没有意义，测量工具的形状和时钟的快慢都必定依赖于它们相对于坐标系的运动状态。

然而，包括伽利略和牛顿的运动定律在内的旧物理学并不符合新的相对论运动学。如果上述两条原理真的适用，那么自然定律就必须服从由相对论运动学得出的一般数学条件。物理学不得不适应这些条件。特别是，科学家们得到了一条关于高速运动质点的新运动定律，它在带电粒子的情况下已经得到了美妙的证实。狭义相对论最重要的结论与物体系统的惯性质量有关，该结论是，系统的惯性必然依赖于它所含的能量。由此立即可以得出，惯性质量不过是潜在的能量罢了。质量守恒原理失去了它的独立性，同能量守恒原理融合在一起。

狭义相对论不过是对麦克斯韦和洛伦兹电动力学的系统发展罢了，但又指向它自身之外。难道物理定律与坐标系的运动状态无关仅限于坐标系彼此之间的匀速平移运动吗？大自然与我们的坐标系及其运动状态有什么关系呢？如果为了描述自然界而必须使用一个由我们随意引入的坐标系，那么对这个坐标系运动状态的选择就不应受到任何限制。定律应与这种选择完全无关（广义相对性原理）。

人们早已知晓的一个经验事实能使这条广义相对性原理更容易建立起来，那就是：物体的重量和惯性受制于同一个常数（惯性质量与引力质量相等）。设想有一个坐标系相对于另一个牛顿意义上的惯性系作匀速转动。根据牛顿的教导，相对于这个坐标系所显示出来的离心力应被视为惯性的效应。但就像重力一样，这些离心力与物体的质量成正比。在这种情况下，我们为什么不能把这个坐标系看成静止的，而把离心力看成引力呢？这种观点似乎是显而易见的，却不为经典力学所容。

以上简短的思考暗示，广义相对论必须给出引力定律，而对这种想法的持续探索已经证明我们的希望是合理的。



不过，这条道路的困难程度超出了我们的预想，因为它要求放弃欧几里得几何学。也就是说，物体在空间中的排列所遵循的定律，并不完全符合欧几里得几何学为物体指定的空间定律。这就是我们所谓“空间弯曲”的意思。“直线”“平面”等基本概念也因此失去了在物理学中的精确含义。

在广义相对论中，关于空间和时间的学说，即运动学，已不再与物理学的其余部分无关。物体的几何行为和时钟的运转都依赖于引力场，而引力场又是由物质产生的。

从原理上看，新的引力论与牛顿理论相去甚远，但实际结果却与牛顿理论的结果非常接近，以至于很难找到经验判据来区分它们。迄今为止，我们找到的这种判据有：

1. 行星椭圆轨道的绕日旋转（在水星的例子中已经得到证实）。

2. 引力场所引起的光线弯曲（已为英国人的日食照片所证实）。

3. 从大质量的恒星发射到我们这里的光，其谱线朝着光谱的红端移动（尚未证实）。①

该理论的最吸引人之处在于其逻辑的完备性。只要有一个它所推出的结论被证明是错误的，它就必须被放弃。不摧毁其整个结构而对它进行修改，似乎是不可能的。

然而，不要以为牛顿的伟大工作果真能被这种理论或任何其他理论所取代。作为整个近代自然哲学概念结构的基础，他那些伟大而明晰的观念将永葆其独特意义。

① 此判据后来已被证实。

# 关于相对论

## 在伦敦的讲演

有幸在贵国首都发表讲演，我感到特别高兴。贵国是理论物理学许多最重要基本概念的发源地，比如牛顿关于物体运动和引力的理论，还有法拉第和麦克斯韦的电磁场概念，都把物理学置于新的基础之上。事实上，可以说相对论为麦克斯韦和洛伦兹宏伟的思想大厦画上了最后一笔，因为它试图把场物理学扩展到包括引力在内的一切现象。

回到相对论本身，我想请大家注意，这个理论并非起源于思辨，发明它完全是为了让物理学理论尽可能地符合观察到的事实。相对论并无革命之举，而只是自然地延续了一条可以往前追溯几个世纪的线索。放弃与空间、时间和运动有关的某些既定的基本概念绝非武断随意，而是由观察事实决定的。

电动力学和光学的发展确证了真空中的光速不变定律，迈克尔逊的著名实验则以特别精确的方式证明，所有惯性系都有平等的合理性（狭义相对性原理）。这两者使时间概念必须成为相对的，每一个惯性系都要有自己的特殊时间。随着这一观念的发展，我们已经看得很清楚，直接经验与坐标和时间之间的关联此前从未得到足够精确的思考。

总体而言，相对论的本质特点之一在于更清楚地揭示一般概念与经验事实之间的关系。这里的基本原则是，一个物理概念是否正当，完全取决于它与所经验的事实之间是否有清晰明确的关系。根据狭义相对论，空间坐标和时间仍然有一种绝对性，因为它们都可以用静止的时钟和物体来直接测量，但就其依赖于所选择惯性系的运动状态而言，则是相对的。根据狭义相对论，由空间和时间结合而成的四维连续体（闵可夫斯基）仍然保持着绝对性，而根据之前的理论，这种绝对性分别属于空间和时间。（相对于坐标系的）运动对物体形状和时钟运转的影响，以及能量与惯性质量的等价性，都源于把坐标和时间解释成测量的产物。

广义相对论之所以产生，首先是因为物体的惯性质量与引力质量在数值上相等，而这个经验事实是经典力学所无法解释的。把相对性原理扩展到彼此相对加速的坐标系，就可以得到这样的解释。引入相对于惯性系加速的坐标系，就会出现相对于惯性系的引力场。其结果是，以惯性与重量相等为基础的广义相对论提供了一种引力场理论。

正如惯性与重量相等所决定的那样，将彼此相对加速的坐标系作为同样合法的坐标系引入进来，并与狭义相对论的结论相结合，便可得到以下结论：有引力场存在时，支配固体在空间中排列的定律并不符合欧几里得几何学的定律。对于时钟的运转也可得到类似的结果。于是，我们不得不对空间和时间理论作另一种推广，因为通过用量杆和时钟而获得的测量结果来直接解释空间和时间坐标现在站不住脚了。对度规的这种推广——高斯和黎曼的研究已经在纯粹数学领域实现了这一点——本质上基于以下事实：在一般情况下仍然可以声称，狭义相对论的度规对于小区域是有效的。

这里概述的发展过程剥夺了空间-时间坐标的一切独立实在性。现在，只有把空间-时间坐标与描述引力场的数学量相结合，才能给出实际度规。

广义相对论的演进背后还有另一个因素。正如恩斯特·马赫所强调的，牛顿理论在以下方面不能让人满意：如果从纯粹描述的观点而不是从因果的观点来考察运动，那么就只存在物体彼此之间的相对运动。但如果从相对运动的概念出发，那么出现在牛顿运动方程中的加速度就无法理解了。它迫使牛顿构想出一种物理空间，据说加速度是相对于它而存在的。这种对绝对空间概念的特设性引入虽然在逻辑上无可指摘，但似乎无法令人满意。于是，马赫曾试图修改力学方程，使得物体的惯性不是追溯到这些物体相对于绝对空间的运动，而是追溯到它们相对于所有其他有重物体的运动。在当时的认识情况下，马赫的努力必定会失败。

但提出这个问题似乎是完全合理的。这条论证线索因广义相对论而大大增强了自己的力量，因为根据广义相对论，空间的物理性质会受到有重物质的影响。在我看来，只有认为宇宙在空间上是封闭的，广义相对论才能令人满意地解决这个问题。如果相信宇宙中有重物质的平均密度有一个有限的值，那么无论这个值有多小，广义相对论的数学结果也会迫使我们接受这种观点。

# 论广义相对论的起源

我很高兴应你们之邀,讲讲我自己科学工作的历史。这倒不是因为我觉得自己的研究有什么了不起,而是因为书写别人工作的历史需要吸收别人的想法,这更多是训练有素的历史学家擅长的事情,而要说明自己的思想历程,显然会容易得多。既然有得天独厚的优势,我不应出于谦虚而放弃这个机会。

在狭义相对论(1905年)中,我得出一切惯性系对于表述自然定律都等价,于是自然产生了一个问题:是否各个坐标系也是等价的?换句话说,如果速度概念只有相对的意义,为什么还要坚持把加速度当成绝对概念呢?



从纯粹运动学的观点来看,所有运动无疑都是相对的。但从物理学上说,惯性系似乎具有一种优越地位,使用以其他方式运动的坐标系都会显得不自然。

我当然很熟悉马赫的观点,他认为,惯性阻力所反抗的并不是加速度本身,而是相对于所有其他物体质量的加速度。对我来说,这个想法颇为迷人,但它并没有为新的理论提供切实可行的基础。

当我试图在狭义相对论的框架内处理引力定律时,我第一次朝着这个问题的解决迈进了一步。和当时大多数物理学家一样,我也试图给出引力的**场定律**。由于绝对同时性的概念已经废除,直接的超距作用已不可能再被引入,或至少是不能以任何自然的方式引入。

最简单的办法当然是保留拉普拉斯的引力标量势,在泊松方程中引入一个时间微分项,以满足狭义相对论。引力场中质点的运动定律也必须根据狭义相对论调整。这里并没有明确无误地标示出道路,因为物体的惯性质量也许依赖于引力势能。事实上,由于能量也有惯性,这是可以预料的。

然而,这些研究所得到的结果却让我大为怀疑。根据经典力学,物体在竖直引力场中的竖直加速度与速度的水平分量无关。因此,在这样的引力场中,一个力学系统或其重心的竖直加速度与它内部的动能无关。然而在我提出的理论中,落体的加速度却与它的水平速度或系统的内能有关。

这不符合一个古老的实验事实,即引力场中的物体皆有同样的加速度。这条定律或许也可以表述为惯性质量与引力质量相等,现在我认识到了它的深刻意义。对于它的存在,我感到极度惊异,猜想其中必定隐藏着更深入理解惯性和引力的关键。我从未怀疑过这条定律的严格有效性,尽管当时我还不知道厄缶(Eötvös)那些令人赞叹的实验结果(如果没有记错,我是后来才知道的)。如今,我已经不再尝试按照上述方式在狭义相对论的框架内处理引力问题了,它显然没有正确处理引力最基本的性质。惯性质量与引力质量相等这一原理现在可以清楚地表述如下:在均匀引力场中,所有运动的发生方式都与不存在引力场但相对于一个匀加速的坐标系完全相同。如果这条原理对于所有事件都成立（“等效原理”），那么这就表明，要想得到自然的引力场理论，就需要把相对性原理扩展到相对作非匀速运动的坐标系。从1908年到1911年，我一直在思索，试图从中推出一些特定的结论，这里不去多谈。当时一件重要的事情是认识到，只有把相对性原理加以扩展，才可能得到合理的引力论。

因此，需要建立一种理论，使它的方程在非线性的坐标变换下保持形式不变。至于它适用于任何（连续的）坐标变换，还是只适用于某些坐标变换，那时我还不清楚。

我很快就发现，将等效原理所要求的非线性变换包括进来，比如会使对坐标的简单物理解释出现致命困难。也就是说，我们不再能把坐标差解释为用理想标尺或理想时钟所得到的直接测量结果。这种认识使我深感不安，我花了很长时间才明白坐标在物理学中究竟有什么意义。直到1912年，我才通过以下思考找到了摆脱困境的出路：

必须重新表述惯性定律，使得在没有“实际的引力场”，并且把惯性系用作坐标系的情况下，该表述会变成伽利略对惯性原理的表述。伽利略的表述相当于说：不受力的质点在四维空间中的轨迹是一条直线，也就是最短的线，或者更准确地说是极值线。这个概念预先假定了线元长度的概念，亦即度规概念。正如闵可夫斯基所表明的，在狭义相对论中，此度规是一种准欧几里得度规，也就是说，线元“长度”$ds$的平方是坐标微分的某个二次函数。

如果通过非线性变换引入其他坐标，那么$ds^2$仍然是坐标微分的一个齐次函数，但这个函数的系数（$g_{\mu\nu}$）不再是常数，而是成了坐标的某些函数。用数学语言来说，这意味着物理（四维）空间有一种黎曼度规。只受引力作用的质点，其轨迹是一条类时的极值线。与此同时，此度规的系数（$g_{\mu\nu}$）相对于所选的坐标系描述了引力场。这样便找到了一种对等效原理的自然表述，将它扩展到任何引力场就构成了一个完全自然的假说。

于是，上述难题的解决方案是：坐标的微分没有物理意义，只有与之对应的黎曼度规才有物理意义。这样便找到了广义相对论的一个可行的基础。但还有两个问题没有解决。

1. 如果场定律是用狭义相对论的语言来表述的，如何将它转换到黎曼度规？

2. 决定黎曼度规（即$g_{\mu\nu}$）本身的微分定律是什么？



从1912年到1914年，我和我的朋友格罗斯曼（Grossmann）一起研究这些问题。我们发现，里奇（Ricci）和列维-契维塔（Levi-Civita）的绝对微分学已经给出了解决问题1的数学方法。

问题2的解决则显然要求（由$g_{\mu\nu}$）构造二阶的微分不变量。我们很快就发现，黎曼已经给出了这些东西（曲率张量）。在广义相对论发表的两年前，我们已经考虑了正确的引力场方程，但那时我们还不知道如何把它们运用于物理学。当时我坚信它们不能正确地处理经验。我甚至还相信，在任何坐标变换下都不变的引力定律必然违反因果律。这些错误想法让我多花了两年苦工，直到1915年底我才最终醒悟，重新回到黎曼曲率，并成功地把理论与天文学的经验事实联系在一起。

从最终结果来看，广义相对论几乎是理所当然的，任何聪明学生不用费很大气力就能掌握它。但是，在黑暗中焦急探索的岁月里，怀着热烈的渴望，时而充满自信，时而精疲力竭，最后终于看到了光明，所有这些只有亲身经历过的人才能体会。

# 物理学中空间、以太和场的问题

科学思想是对前科学思想的发展。由于空间概念在前科学思想中已经起着基础作用，所以我们必须从前科学思想中的空间概念开始。有两种考察概念的方式，对于理解概念是不可或缺的。首先是逻辑分析。它回答这样一个问题：概念与判断是如何相互依存的？回答这个问题将使我们站在较为可靠的基础上。数学之所以备受尊敬，就是因为这种可靠性。但这种可靠性是以空无内容为代价而获得的。概念只有与感觉经验相联系才能获得内容，无论这种联系是多么间接。但这种联系无法被逻辑研究所揭示，而只能被经验揭示。然而，正是这种联系决定了概念体系的认知价值。

举例来说，假定未来的考古学家发现了一本没有图形的欧几里得几何学教科书，他会看到“点”“直线”“平面”等词项是如何在命题中使用的，也会看到这些命题是如何相互推导的，甚至还能按照他所了解的规则构造出新的命题。但只要“点”“直线”“平面”等词项没有向他传达某种东西，那么对他来说，构造出这些命题仍然只是一种空洞的文字游戏。只有当这些词项传达了某种东西时，几何学对他来说才会有实际内容。对于分析力学来说也是如此，事实上对于任何逻辑演绎科学都是如此。

说“直线”“点”“相交”等词项传达了某种东西，这是什么意思呢？它的意思是，我们能够指出这些词项所涉及的感觉经验内容。这个超出逻辑的问题正是几何学的本质问题，这位考古学家只能凭直观来解决它，即对他的经验进行考察，看能否发现某种东西对应于理论中的原始词项以及为这些词项所设定的公理。只有在这个意义上，才能合理地讨论概念系统的本质。

如果使用前科学概念，我们就和这位考古学家一样要面临本体论问题。可以说，我们已经忘记了是经验世界中的哪些特征使我们能够提出这些概念，而且如果不戴上旧有概念解释的眼镜，我们很难回想起经验世界。此外还有一个困难：我们的语言不得不使用那些与原始概念密不可分地联系在一起的词项，这使我们很难阐明前科学的空间概念究竟是什么。

在转到空间问题之前，我们先一般地谈谈对概念的看法。概念与感觉经验有关，但永远不可能在逻辑意义上从感觉经验推导出来。因此，我始终未能理解对康德意义上的先验之物的追求。对于任何本体论问题，我们永远只能在复杂的感觉经验中寻求与概念有关的那些特征。

现在回到空间概念：它似乎预设了物体的概念。人们常常描述大概能引起物体概念的那些复杂的感觉经验和感觉印象的本质。其中一些特征包括，某些视觉印象和触觉印象之间有对应，这些印象（触觉、视觉）可以在时间中持续追随下去，在任何时候都可以重复，等等。一旦借助上述经验形成物体概念（物体概念绝没有预设空间或空间关系概念），从思想上把握这些物体之间关系的愿望就必然会引起一些同它们的空间关系相对应的概念。两个物体可以相互接触,也可以彼此远离。在后一种情况下,两者之间可以插进第三个物体而丝毫不会改变它们,而在前一种情况下却不可能如此。这些空间关系显然和物体本身一样实在。如果两个物体对于填满一个这样的间隔是等效的,那么它们对于填满其他间隔也会是等效的。由此可见,间隔与选择何种特殊物体来填满它无关,这对于空间关系来说也是普遍正确的。显然,这种无关性(这是构造纯粹几何概念之所以有用的一个主要条件)不一定是先验的。在我看来,这种与选择何种特殊物体来填满它无关的间隔概念乃是整个空间概念的出发点。

于是,从感觉经验的观点来看,空间概念的发展似乎遵循以下图式:物体→物体的排列关系→间隔→空间。这样看来,空间似乎和物体一样是某种真实的东西。

显然,作为一种真实事物的空间概念已经存在于科学以外的概念世界中。但欧几里得的数学却不诉诸这种概念,它只限于讨论对象以及对象之间的排列关系。点、平面、直线、线段都是理想化的物体。一切排列关系都可以归结为接触关系(直线与平面相交,点在直线上,等等)。作为连续体的空间根本没有出现在这个概念体系中。这个概念最早是笛卡尔用空间坐标来描述空间中的点时引入的。这里,几何图形第一次显示为被理解成三维连续体的无限空间的一部分。

笛卡尔对空间处理的卓越之处绝不只是把分析应用于几何学,更重要的一点在于,希腊人在几何描述中偏爱一些特殊对象(直线、平面),若要对别的对象(如椭圆)作这种描述,只能借助于点、直线和平面进行构造或定义。而在笛卡尔的处理中,所有表面似乎都具有同等地位，建立几何学时不会随意地偏爱平直构造。

若把几何学看成关于支配准刚体彼此之间排列关系的定律的科学，则它可以被视为最古老的物理学分支。正如我所指出的，这门科学可以没有空间概念本身，点、直线、平面、线段等理想的物质形式已经足以满足它的需要。而笛卡尔所设想的整个空间却是牛顿物理学所绝对必需的，因为单凭质点以及质点之间随时间可变的距离，是无法建立动力学的。在牛顿的运动方程中，加速度概念发挥着基础作用，它不能只靠质点之间随时间可变的距离来定义。只有相对于整个空间，牛顿的加速度才能被设想或定义。于是，除了空间概念的几何实在性，空间又有了一种确定惯性的新功能。当牛顿说空间是绝对的时候，他无疑是指空间的这种实在意义，这使他必须赋予空间一种非常明确的运动状态，而这种运动状态似乎不能由力学现象完全决定。这种空间在另一种意义上也被认为是绝对的：空间确定惯性的作用被认为是自主的，也就是说不受任何物理环境的影响；它影响物体，但没有什么东西能够影响它。

但直到不久以前，物理学家仍然认为空间只不过是所有事件的被动容器，本身并不参与物理事件。直到光的波动说以及法拉第和麦克斯韦的电磁场理论出现，这种思想才开始发生改变。人们渐渐发现，真空中不仅存在着以波的形式传播的状态，而且存在着定域的场，能对移到那里的带电质量或磁极施加力的作用。在19世纪的物理学家看来，把物理功能或物理状态赋予空间本身是完全荒谬的，于是他们就以有重物质为模型，设想有一种以太介质充满了整个空间,它充当着电磁现象的载体,因此也是光现象的载体。这种介质被认为构成了电磁场,其状态起初是以固体的弹性变形为模型而机械地想象的。但以太的这种机械理论一直不太成功,所以人们渐渐不再尝试对以太场的本性作更详细的解释。于是,以太就成了这样一种物质,它的唯一功能就是充当电场的基质,而不能作进一步分析。由此得到了以下图像:空间被以太所充满,有重物质的微粒或原子浸游其中。而物质的原子结构在世纪之交的时候已经牢固确立了。

既然物体之间的相互作用据说是通过场来实现的,那么以太中也一定有引力场,但当时引力场的定律还没有确切的形式。以太仅仅被看成所有跨越空间起作用的力的场所。人们认识到,运动中的带电质量会产生磁场,磁场的能量为惯性提供了一种模型,因此惯性显得像是一种位于以太中的场作用。

以太的力学性质起初让人捉摸不透,然后出现了洛伦兹的伟大发现。当时所有已知的电磁现象都可以基于以下两条假定来解释:以太牢牢地固定在空间中,也就是说完全不能运动,而电牢牢地固定在可运动的基本粒子中。今天,洛伦兹的发现可以表述如下:物理空间和以太只不过是对同一个东西的两种不同表达罢了,而场则是空间的物理状态。如果不能把特殊的运动状态赋予以太,似乎就没有理由把它当作一种与空间并列的特殊之物引入进来。但这种思路与当时的物理学家还相距甚远。在他们看来,空间仍然是一种刚性的、同质的东西,不会变化,也没有各种不同的状态。只有像黎曼这种不世出的孤独天才,才在19世纪中叶提出了一种新的空间观,这种空间观剥夺了空间的刚性，而且认识到空间有可能参与物理事件。更值得钦佩的是，这项思想成就出现在法拉第和麦克斯韦的电场理论之前。然后出现了狭义相对论，它认为一切惯性系都在物理上等价。时间与空间变得不可分离，并与电动力学或者光的传播定律相联系。此前人们一直暗中假定，事件的四维连续体能以客观的方式分成空间和时间，也就是说在事件的世界里，“现在”被赋予了绝对意义。随着“同时”的相对性被发现，空间和时间融合成一个连续体，就像空间的三维曾经融合成一个连续体一样。就这样，物理空间被扩展为一个包含着时间维度的四维空间。狭义相对论的四维空间就像牛顿的空间一样严格和绝对。

相对论是一个很好的例子，可以说明现代理论科学发展的基本特征。理论科学的初始假说变得越来越抽象，离经验也越来越远。而另一方面，它又离一切科学的伟大目标越来越近，即通过逻辑演绎，用尽可能少的假说或公理来涵盖尽可能多的经验事实。与此同时，从公理导向经验事实或可证实结论的思路也变得越来越冗长和复杂。理论科学家在寻求理论时，只能越来越仰赖纯粹数学的形式思考，因为实验家的物理经验无法把他引到最抽象的领域。适用于科学幼年的以归纳为主的方法正在让位于试探性的演绎法。在推导出那些可与经验作比较的结论之前，需要对这种理论结构做出非常详尽的阐述。这里，观察到的事实无疑也是最高的仲裁者，但只有通过紧张而艰巨的思考将公理与可证实的结论之间的宽阔鸿沟弥合起来，它才能做出裁决。理论家在从事这项艰巨的工作时应当充分意识到，他的努力也许只会使他的理论受到致命打击。对于承担这项工作的理论家，不应指责其“异想天开”，而应使他有权去自由幻想，因为达到目标别无他途。他的幻想并非徒劳的白日梦，而是在寻求逻辑上最简单的可能性及其推论。为使听众或读者更愿意追溯由此产生的一连串想法，需要作这样一个辩解。正是这条思路将我们从狭义相对论引到了广义相对论，再从广义相对论引到了它的最近分支，即统一场论。在作这种阐释时不可避免要用到数学符号。

让我们从狭义相对论开始讲起。该理论仍然直接基于光速不变这条经验定律。设$P$是空间中的一点，$P'$是无限接近的一点，与它相距$d\sigma$。假定在时刻$t$从$P$发出一道闪光，在时刻$t+dt$到达$P'$，那么

$$d\sigma^2=c^2dt^2。$$



如果$dx_1$、$dx_2$和$dx_3$是$d\sigma$的正交投影，并且引入虚时间坐标$\sqrt{-1}ct=x_4$，则上述光速不变定律有如下形式：

$$ds^2=dx_1^2+dx_2^2+dx_3^2+dx_4^2=0。$$

由于这个公式表达了一种实际情况，我们可以赋予$ds$这个量以一种实在的意义，只要对四维连续体中两个邻近点的选择使得相应的$ds$不等于零。这可以表达为：狭义相对论的四维空间（带有虚时间坐标）拥有一种欧几里得度规。

之所以把这种度规称为欧几里得度规，与下面这件事情有关。在三维连续体中假定这样一种度规，与假定欧几里得几何学的公理完全等价。于是，定义度规的方程不过是应用于坐标微分的毕达哥拉斯定理罢了。

狭义相对论所容许的坐标改变（通过变换）是这样的：在

新坐标系中，$ds^2$这个量（基本不变量）也等于坐标微分的平方和。这种变换被称为洛伦兹变换。

狭义相对论的启发性方法可由以下原理来刻画：自然定律的方程在洛伦兹变换下必须保持形式不变（方程对洛伦兹变换的协变性）。

这种方法使我们发现了动量与能量之间、电场强度与磁场强度之间、静电力与动电力之间以及惯性质量与能量之间的必然联系，物理学中独立概念和基本方程的数目因此减少了。

这种方法影响深远。表达自然定律的方程真的只对洛伦兹变换协变，而对其他变换不协变吗？如果这样表述，那么这个问题实在没有意义，因为任何方程组都能用广义坐标来表示。我们应当问：自然定律是不是要求所有坐标系都等价，而不会让某个**特殊**坐标系中的方程有实质性的简化？

对此我们只是简略提一下，惯性质量与引力质量相等的经验定律告诉我们，这个问题的答案是肯定的。如果将所有坐标系对于表述自然定律都等价提升为一条原理，我们就得到了广义相对论，只要保留光速不变定律，或者说假定欧几里得度规至少对于四维空间的无穷小部分仍然有客观意义。

这意味着对于有限的空间区域，假定存在着一种广义黎曼度规（具有物理意义），其形式如下：

$$ds^2=\sum_{\mu\nu}g_{\mu\nu}dx_\mu dx_\nu$$

其中的求和要扩展到从1，1到4，4的全部指标组合。

这种空间的结构在**一个**方面与欧几里得空间的结构有根本不同。系数$g_{\mu\nu}$是坐标$x_1$到$x_4$的任何函数，实际知道这些$g_{\mu\nu}$函数之后才能实际确定空间的结构。我们也可以说,空间的结构本身完全没有确定。只有指明了$g_{\mu\nu}$的度规场所满足的定律,空间的结构才能进一步确定下来。基于物理上的理由可以认为,度规场同时就是引力场。

既然引力场取决于质量的分布,并且随之而变化,那么空间的几何结构也取决于物理因素。于是按照这种理论,正如黎曼所猜测的那样,空间不再是绝对的,其结构依赖于物理影响。(物理)几何学不再像欧几里得几何学那样是一门孤立而自足的科学。

这样一来,引力问题就归结为一个数学问题:找到最简单的基本方程,使之对于任何坐标变换都是协变的。这是一个非常明确的问题,至少是可以解决的。

这里我不想讨论对广义相对论的实验证实,但想解释一下为什么这种理论不能因此而自我满足。引力固然已从空间结构中推导出来,但除了引力场还有电磁场。首先,必须把电磁场作为一种独立于引力的东西引入该理论。解释电磁场存在的项必须加入基本的场方程。但认为存在着两种彼此独立的空间结构,即度规-引力结构和电磁结构,这种想法对于理论家来说是无法容忍的。我们相信,这两种场必定对应于统一的空间结构。

# 约翰内斯·开普勒

在这个焦虑不安的时代，人世沉浮中难寻乐趣，此时想起开普勒这般卓越而宁静的人，特别感到欣慰。在开普勒生活的时代，还不确定自然受定律的支配。在无人支持和极少有人了解的情况下，他数十年如一日，孤独地投身于艰苦繁重的工作，对行星的运动及其数学定律进行经验研究。他对自然定律的存在应当怀有多么坚定的信念，才能获得这种力量啊！若想好好缅怀他，我们应当尽可能地看清楚他的问题以及解决问题的各个步骤。

哥白尼已经让最有才智的人看到，要想清楚地把握行星在天空中的视运动，最好的办法是把这些运动看成行星围绕静止的太阳所作的转动。倘若行星围绕一个以太阳为中心的圆作匀速运动，那么查明这些运动从地球上看是怎样的就比较容易了。然而，所要处理的现象远比这复杂，任务也就艰巨得多。首先要根据第谷·布拉赫的行星观测结果从经验上确定这些运动，然后才能发现这些运动所满足的一般定律。

要想了解确定围绕太阳的实际运转有多么困难，需要弄清楚以下这些事情：我们永远也看不到行星在某一时刻实际所处的位置，而只能从地球上看到它那时在什么方向，而地球本身又以未知的方式围绕太阳运动。于是，这些困难几乎显得无法克服。

为了给这种混乱带来秩序,开普勒不得不另辟蹊径。他意识到,必须首先设法确定地球本身的运动。倘若只有太阳、地球和恒星,而没有别的行星,这根本是做不到的。因为在那种情况下,除了日地连线方向在一年中的变化情况(太阳相对于恒星的视运动),我们无法从经验上确定任何别的东西。即使当时还没有望远镜,肉眼的观测精度已经能够发现,日地连线的这些方向全都位于一个相对于恒星静止的平面上。由此也能确定日地连线是以何种方式围绕太阳旋转的。他发现,这种运动的角速度在一年中呈现出规律性的变化。但这没有多大用处,因为我们还不知道日地距离在一年中是如何变化的。只有知道这个变化,才能确定地球轨道的真实形状及其运行方式。

开普勒找到了一个奇妙的方法来摆脱这种困境。首先,对太阳的观测表明,在一年的不同时间里,太阳在相对于恒星背景的视路径上的速度各不相同,然而在天文年的同一时间,这种运动的角速度却总是相同。也就是说,当日地连线指向同一恒星区域时,该直线的转动角速度也总是相同。因此应当假定地球轨道是封闭的,地球每年都沿着它作相同的运转,这绝非理所当然。对于哥白尼体系的追随者来说,几乎可以肯定,其他行星轨道也有同样的性质。

这无疑使问题变得更容易了。但如何确定地球轨道的真实形状呢?设想在轨道平面的某处有一盏明亮的灯M。我们知道,若是这盏灯永远固定在这个位置上,它就能成为对地球轨道进行三角测量的一个定点,地球上的人在每年任何时候都能看到它。假设这盏灯M距离太阳比地球距离太阳还要远,借助这盏灯就能按照以下方式确定地球轨道：

首先，每年都有这样一个时刻，地球E恰好处于太阳S与灯M的连线上。如果此时从地球E看灯M，我们的视线就会与SM（太阳-灯）这条线重合。想象把后者在天穹上标记下来，再设想地球处在不同的时间和位置上。既然太阳S和灯M从地球上都可以看见，三角形SEM中的角E便是已知的。然而通过对太阳的直接观测，也可以知道SE相对于恒星的方向，而此前SM连线相对于恒星的方向也已经确定。我们也知道三角形SEM在S处的角度。于是，我们在纸上随意画出底边SM，凭借我们对角E和角S的认识，就可以作出三角形SEM。我们可以在一年中重复这样做，每一次都在纸上画出地球E相对于那条永远固定的底边SM的位置，并且给它注上日期，由此便可以从经验上确定地球的轨道，当然，这还不是它的绝对尺寸。

但你们会说，开普勒到哪里去找这盏灯M呢？他的天才以及此时仁慈的大自然给予了他这盏灯。他注意到，火星年即火星围绕太阳走一圈的时间是已知的。太阳、地球和火星有可能在某一时刻恰好排成一条直线。由于火星沿一个封闭的轨道运转，所以每过一个火星年，火星就会出现在这个位置上。因此，在这些已知时刻，SM总是固定的底边，而地球总是处在轨道的不同位置上。于是在这些时刻，火星就起着我们前面设想的那盏灯的作用，可以通过观测太阳和火星来确定地球的真轨道。就这样，开普勒发现了地球轨道的真实形状以及地球的运转方式。我们这些后来者——欧洲人、德国人甚至是我故乡的施瓦本人——都因此而钦佩和尊敬他。

地球轨道既已由经验确定下来，SE直线在任一时刻的真实位置和长度也就知道了。现在开普勒要从行星观测结果计算出其他行星的轨道和运动已经不再过于困难，至少原则上是如此。但这仍然是一项极为艰巨的工作，尤其是考虑到当时的数学状况。

现在我们来谈谈开普勒人生中第二项同等艰巨的工作。行星轨道已经从经验中知晓，但其定律还必须从经验数据中猜测出来。他必须首先猜测轨道曲线的数学性质，然后用一大堆图形去试验。如果不合适，就必须再想出一种假说去试验。经过无数次尝试，他终于发现符合事实的假定是：行星轨道是一个椭圆，而太阳位于它的一个焦点上。开普勒也发现了行星在运转过程中速度变化的定律，即太阳与行星的连线在相等时间内扫过相等的面积。最后他还发现，行星运转周期的平方与椭圆长轴的立方成正比。

我们在赞叹这位卓越人物的同时，另一种赞叹和敬畏也油然而生。不过这种感情的对象不是人，而是孕育我们的那个神秘和谐的大自然。古人已经设计出一些曲线来表示可以设想的最简单的规律性。其中除了直线和圆，最重要的就是椭圆和双曲线。我们看到，最后这两种曲线在天体的轨道中得到了实现，至少近乎得到实现。

看来，在事物中找到形式之前，人的心灵应当先把形式独立地构造出来。开普勒的惊人成就特别彰显了一个真理：知识不可能单纯来源于经验，而只能将理智的发明与观察到的事实相比较才能得到。

# 牛顿力学及其对理论物理学发展的影响

200年前的今天,牛顿与世长辞。此时此刻,我们缅怀这位卓越的天才,他空前绝后地决定着西方思想、研究和实践的走向。他不仅天才地发明了一些关键的方法,而且善于掌握当时已知的经验材料,在发明详细的数学物理证明方法上更是极富创造性。因此,他理应得到我们最高的尊敬。然而,牛顿的重要性不仅在于他的天才,更在于命运把他置于人类思想发展史的一个转折点上。为了看清楚这一点,我们需要意识到,在牛顿以前并没有一个完备的物理因果性系统,能够描述经验世界更深的特征。

虽然古希腊那些伟大的唯物论者主张,一切物质事件都应归因于有严格规律的原子运动过程,而不允许将任何生物的意志当作独立的原因。笛卡尔也曾以自己的方式重新研究过这个问题,但它始终只是一种大胆的愿望、一派哲学家的可疑理想。在牛顿以前,支持人们相信存在着完整的物理因果链条的实际成果还几乎不存在。

牛顿旨在回答这样一个问题:是否存在着一条简单的规则,

当所有天体在某一时刻的运动状态皆为已知时，能用这条规则完全计算出我们行星体系中天体的运动？摆在他面前的是由开普勒、第谷·布拉赫的观测结果推导出来的关于行星运动的经验定律，而这是需要解释的。[①]虽然这些定律已经完整地回答了行星**如何**绕太阳运转：轨道的椭圆形，半径在相等时间扫过相等的面积，半长轴与旋转周期之间的关系，但这些规则并不满足因果解释的要求。这三条规则在逻辑上彼此独立，没有显示出内在关联。如果中心星体不是太阳，第三定律就不再定量地适用。（例如，行星围绕太阳运转的周期与卫星围绕行星运转的周期之间就毫无关系）。但最重要的是，这些定律关心的是整体的运动，而不是**一个系统在这一时刻的运动状态如何产生下一时刻的运动状态**。用现在的话来说，它们是积分定律而不是微分定律。



只有微分形式的定律才能完全满足现代物理学家对因果性的要求。牛顿最伟大的思想成就之一就在于清晰地构想了微分定律。其所需要的不仅是这种观念，还有一种数学的形式体系，它当时还很初步，但需要获得一种系统形式。牛顿在微积分中也找到了这种形式体系。这里我们不必考察莱布尼茨是否独立于牛顿发现了这种数学方法。无论如何，对牛顿来说，发展出这种方法是绝对必要的，因为只有借助于这种方法才能表达他的思想。

伽利略已经朝着认识运动定律迈出了重要一步。他发现了惯性定律以及地球引力场中的自由落体定律：一个质量（或者

① 今天人人都知道，要由这种经验确定的轨道来发现这些定律需要何种辛劳。但很少有人认真思考过，开普勒使用了什么天才方法才根据从地球上观测的视轨道推导出了真轨道。

更精确地说是一个质点）在不受其他质量影响时作匀速直线运动。自由落体在引力场中的竖直速度随时间而均匀增加。今天我们也许会以为,从伽利略的认识到牛顿的运动定律只有一步之遥。但要注意,上面这两则陈述都只与整个运动有关,而牛顿的运动定律则回答了这样一个问题：在外力的影响下,一个质点的运动状态在无限短的时间内是如何变化的？只有考虑了无限短的时间内发生了什么（微分定律）,牛顿才能得到一个适用于任何运动的公式。他从当时已经相当成熟的静力学中借用了力的概念。只有引入新的质量概念,他才能把力与加速度联系起来。说来也奇怪,支撑这个新概念的竟然是一个虚构的定义。今天我们已经非常习惯于形成那些对应于微商的概念,以至于我们已经很难理解,通过二次极限过程得到普遍的微分定律需要怎样非凡的抽象能力了,而且在这个过程中,还必须发明出质量概念。

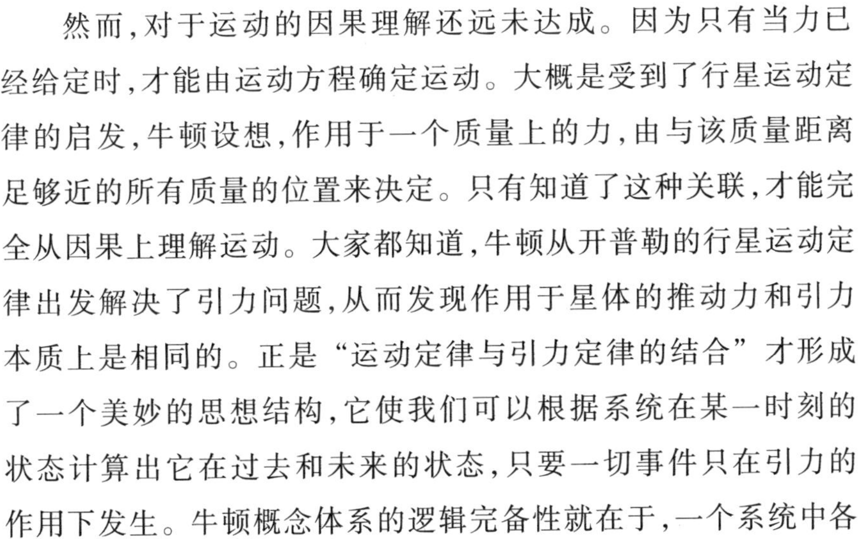

然而,对于运动的因果理解还远未达成。因为只有当力已经给定时,才能由运动方程确定运动。大概是受到了行星运动定律的启发,牛顿设想,作用于一个质量上的力,由与该质量距离足够近的所有质量的位置来决定。只有知道了这种关联,才能完全从因果上理解运动。大家都知道,牛顿从开普勒的行星运动定律出发解决了引力问题,从而发现作用于星体的推动力和引力本质上是相同的。正是“运动定律与引力定律的结合”才形成了一个美妙的思想结构,它使我们可以根据系统在某一时刻的状态计算出它在过去和未来的状态,只要一切事件只在引力的作用下发生。牛顿概念体系的逻辑完备性就在于,一个系统中各个质量的加速度仅仅由**这些质量本身**所引起。

根据这里概述的基础，牛顿成功地解释了行星、卫星和彗星的运动，直至最小的细节，还有潮汐和地球的进动——这是无比辉煌的演绎成就。认识到天体运动的原因就是我们日常经验中非常熟悉的重力，这一发现必然令人惊叹不已。

但牛顿成就的重要性并不只是为实际的力学创造出一种逻辑上令人满意的切实可行的基础。在19世纪末以前，它一直是所有理论物理学家的纲领。所有物理事件都应追溯到那些服从牛顿运动定律的物体。只需扩展力的定律，使之适用于所考察的那类事件就可以了。牛顿本人曾试图把这一纲领用于光学，他预先假定光由惯性微粒所组成。当牛顿运动定律被用于连续分布的质量之后，光的波动说也利用了牛顿运动定律。牛顿的运动方程也是热的运动论的唯一基础，这种理论不仅为发现能量守恒定律作了思想上的准备，还给出了一种直至最终细节都能得到确证的气体理论，以及关于热力学第二定律本质的一种更深刻的看法。电学和磁学也一直沿着牛顿的基本思想发展到现代（电性物质和磁性物质、超距作用力）。甚至连法拉第和麦克斯韦的电动力学和光学革命也完全是在牛顿思想的引导下发生的，这是牛顿以后理论物理学基础的第一次重大根本进展。麦克斯韦、玻耳兹曼和开尔文勋爵不厌其烦地把电磁场及其动力学相互作用归因于假想的连续分布质量的机械作用。但由于这些努力没有成效或至少是没有显著成效，所以自19世纪末以来，我们的基本观念逐渐发生了转变。理论物理学的发展超出了牛顿的框架，在将近二百年的时间里，此框架一直使科学稳定发展并

且给予思想上的引领。

从逻辑的观点看，牛顿的基本原理是如此令人满意，以致更新它们的动力只能源自经验事实的要求。在讨论这一点之前，我必须强调，牛顿本人比他之后的几代学者更清楚自己思想结构中固有的弱点。这总是让我对他怀有深深的敬意，因此我想花点时间谈谈这个问题：

1.尽管牛顿处处竭力把他的思想体系表现为由经验必然决定，并且尽可能少地引入不直接指涉经验对象的概念，但他还是提出了绝对空间和绝对时间的概念。为此，近年来他常常受到批评。但恰恰在这一点上，牛顿特别前后一致。他已经认识到，可观察的几何量（质点的间距）及其时间进程并不能在物理上完全刻画运动。他以著名的水桶实验来证明这一点。因此，除了质量及其随时间而变化的距离，还要有另一种东西来决定运动。他认为，这种“东西”就是与“绝对空间”的关系。他认识到，要想让他的运动定律有任何意义，空间就必须拥有一种物理实在性，就像质点及其距离的实在性一样。

这种清楚的认识既显示了牛顿的智慧，也暴露了他理论的弱点。因为如果没有这个模糊的概念，其理论的逻辑结构必定会更令人满意；在那种情况下，只有同知觉的关系完全清晰的东西（质点、距离）才会进入定律。

2.引入不需要中介、瞬时传递的超距作用力来表示引力的作用，并不符合我们日常经验中所熟知的大多数过程的特征。对于这种反驳，牛顿指出，他的引力相互作用定律不应被视为最终的解释，而应视作一条从经验中归纳出来的规则。

3.物体的重量和惯性是由同一个量（质量）来决定的。对于这个极为引人注目的事实，牛顿的理论并没有给出解释。牛顿也意识到了这一事实的不同寻常。

以上三点都不构成对于理论的逻辑反驳。在某种意义上，它们只是代表着科学家在努力从概念上完整和统一地把握自然现象的过程中那些未能满足的愿望。

被视为整个理论物理学纲领的牛顿运动学说，从麦克斯韦的电学理论那里遭受了第一次打击。事实表明，物体之间的电磁相互作用并非由瞬时传递的超距作用力所引起，而是由一种以有限速度穿过空间传播的过程所引起。根据法拉第的构想，除了质点及其运动，还有一种新的物理实在，那就是“场”。起初人们依照力学的思维方式，试图把场解释为一种充满空间的假想介质（以太）的力学状态（运动状态或应力状态）。然而经过顽强的努力，这种力学解释依然不管用，此时人们便渐渐习惯于把“电磁场”看成物理实在的最终不可还原的组分。我们要感谢海因里希·赫兹有意使场的概念摆脱了来自力学概念库的一切附属物，还应感谢洛伦兹使场的概念摆脱了物质载体。按照洛伦兹的说法，唯一能够充当场之载体的东西就是物理真空（或以太），而真空即使在牛顿力学中也不是完全没有物理功能的。等到认识了这一点，就再也没有人相信直接而瞬时的超距作用了，甚至在引力领域也是如此，虽然由于缺乏足够的事实知识，关于引力的场论还没有清晰地勾勒出来。牛顿的超距作用力假说一旦被抛弃，电磁场理论的发展就会引导人们尝试用电磁方式来解释牛顿的运动定律，或者说用一种建立在场论基础上的更加精确的运动定律来取代牛顿

运动定律。虽然这种努力尚未完全成功,但力学的基本概念已经不再被视为物理世界观的基本组分。

麦克斯韦和洛伦兹的理论必然会导向狭义相对论,而狭义相对论既然放弃了绝对同时性概念,也就排除了超距作用力的存在。由狭义相对论可知,质量并非不变,而是依赖于(事实上是等价于)能量含量。它也表明,牛顿的运动定律只能被视为对低速有效的极限定律;它确立了一条以真空中的光速为极限速度的新运动定律来取代牛顿定律。

广义相对论构成了场论纲领发展中的最后一步。从量上来说,它对牛顿的理论只作了很小的修改,但在质上却要深刻得多。惯性、引力以及物体和时钟的度规行为都被归结为场的性质,而这个场本身又被认为依赖于物体(推广了牛顿的引力定律,或如泊松所表述的那样,推广了对应于牛顿引力定律的场定律)。由此空间和时间虽然未被剥夺实在性,但却被剥夺了因果绝对性(所谓因果绝对性,是指产生影响但不受影响),为了能够表述当时已知的定律,牛顿不得不把这种绝对性归于空间和时间。广义的惯性定律接管了牛顿运动定律的角色。这一简短论述足以表明,牛顿理论的要素如何逐渐变成了克服上述三个缺点的广义相对论。在广义相对论的框架中,运动定律似乎能够从对应于牛顿力定律的场定律中推导出来。只有完全达到了这个目标,我们才能谈及纯粹的场论。

在一种更加形式的意义上,牛顿力学也为场论开辟了道路。将牛顿力学应用于连续分布的质量,必然会导向偏微分方程的发现和应用,而这些方程第一次提供了场论定律的语言。在这种形式方面，牛顿的微分定律观念构成了后来发展的第一个决定性步骤。

到目前为止，我们谈论的都是我们关于自然过程的观念的整个发展，它可以被视为对牛顿思想的一种系统发展。然而，正当对场论的完善还在如火如荼地进行的时候，热辐射、光谱、放射性等事实却揭示出整个思想体系适用性的限度。虽然该体系在许多情况下都已经取得巨大成就，但在我们今天看来，这种限度似乎仍然无法克服。许多物理学家断言（这有不少有力的论据），在这些事实面前，不仅微分定律，甚至是因果律本身（迄今为止它一直是所有自然科学最终的基本假定）也已经失效。甚至连建立一个能与物理事件明确对应的时空结构的可能性也被否定了。力学体系只能有分立的稳定能量值或稳定状态（正如经验几乎直接表明的那样），初看起来，这似乎很难从场论的微分方程中推导出来。基于一组考虑了共振条件的微分方程，具有场论特征的德布罗意-薛定谔方法的确推出了只存在分立的状态，这与经验事实惊人地一致，但它必须放弃质点的定域性和严格的因果律。牛顿自然观的两条最终前提，即因果律和微分定律，是否一定要明确放弃？我们现在还不得而知。

# 麦克斯韦对物理实在观念发展的影响

相信有一个外在世界独立于知觉主体而存在，这是一切自然科学的基础。然而，由于感官知觉只能间接提供关于这个外在世界或“物理实在”的信息，我们只能通过思辨的方式来把握它。由此可知，我们关于物理实在的观念永远也不可能是最终的。为了以逻辑上最完美的方式来正确处理知觉到的事实，我们必须随时准备改变这些观念，也就是说，改变物理学的公理基础。事实上，从物理学的发展就可以看出，其公理基础在历史进程中已经发生了深远的改变。

自从牛顿奠定了理论物理学的基础以来，物理学的公理基础——亦即我们对实在结构的构想——发生的最大变化源于法拉第和麦克斯韦对电磁现象的研究。接下来，我们将同时关注物理学早期和后来的发展，以使这一点变得更加清楚。

根据牛顿的体系，物理实在由空间、时间、质点和力（质点的相互作用）等概念来刻画。在牛顿看来，物理事件应被视为受不变的定律支配的质点在空间中所作的运动。在处理实在中发生的变化时，我们只能以质点的方式来表示实在，质点是实在的唯一代表。质点概念显然源于可感知的物体。人们将质点设想成类似于运动物体,但剥夺了它们的广延、形状、空间方位等特征以及一切“内在”性质,只保留了惯性、位移,并且添加了力的概念。物体曾引导我们在心理上形成“质点”概念,而现在却不得不把物体本身看成质点系。应当注意,这种理论框架本质上是原子论和机械论的。一切事件都应作纯粹机械的解释,也就是说,按照牛顿运动定律把它们完全解释成质点的运动。

除了最近被再次提出的“绝对空间”概念所涉及的困难,这个体系最不能让人满意的地方在于它对光的描述,在牛顿体系中,光也被设想为由质点组成。那么当光被吸收时,组成光的质点会变成什么呢?这个问题甚至在当时就已经亟待解决了。不仅如此,为了分别描述有重物质和光,不得不假定有两种完全不同的质点并把它们引入讨论,这无论如何不能令人满意。后来又加入了第三种质点即带电粒子,它同样具有完全不同的特征。此外,决定事件的相互作用力必须以完全任意的方式进行假定,这也是一个根本弱点。这就是为何虽然牛顿的实在观取得了很大成就,人们还是感到不得不抛弃它的原因。

为了用数学形式来表达自己的体系,牛顿必须发明微商概念,并以全微分方程的形式来表述运动定律,这也许是一个人在思想领域所能作出的最大贡献。偏微分方程对于这个目的并不是必需的,牛顿也没有系统地使用过它们,但对于表述可变形物体的力学却是必需的,这是因为物体如何由质点组成的问题起初并不重要。

因此,偏微分方程进入理论物理学时还是婢女,但渐渐变成了主妇。这始于19世纪,那时观察到的事实已经迫使光的波动说建立起来。真空中的光被解释为以太的振动,当然在这一阶段,把以太看成质点的聚集体似乎毫无用处。微分方程在这里第一次显示为对物理学基本实在的自然表达。于是,在理论物理学的一个特殊分支中,连续的场和质点都被视为物理实在的代表。这种二元论至今仍然存在,任何讲求条理的人都必定会对此感到不安。

即使物理实在的观念已经不再是纯粹原子论的,它在当时也仍然是纯粹机械论的。人们仍然试图把一切事件都解释成惯性质量的运动。的确,似乎也想不出其他方式来看待事物了。然后发生了一场伟大变革,它将永远与法拉第、麦克斯韦和赫兹的名字联系在一起。这场革命主要归功于麦克斯韦。他表明,当时关于光和电磁现象的所有知识都可以用他那两组著名的微分方程来表示,在这些方程中,电场和磁场作为因变量出现。

麦克斯韦的确曾试图用理智构造的一种机械论模型来解释这些方程或为之辩护。但他同时使用了若干种这样的构造,而没有认真对待其中任何一种。因此只有这些方程才显得是本质性的,方程中出现的场是最终实体,不能还原为任何其他东西。到了世纪之交,人们已经普遍把电磁场看成最终实体,严肃的思想家也不再相信有理由或者有可能对麦克斯韦方程做出机械论解释。没过多久,他们反倒借助于麦克斯韦理论,试图以场论来解释质点及其惯性,虽然没有完全成功。

如果不考虑麦克斯韦的工作在重要的物理学分支所产生的**个别**重要结果,而是集中于他给我们的物理实在观所带来的变革，那么也许可以说：在麦克斯韦之前，人们设想物理实在（指自然中的事件）是质点，质点的变化完全归因于那些服从全微分方程的运动；而在麦克斯韦之后，人们认为物理实在由不能作机械论解释的、服从偏微分方程的连续场来代表。实在观的这一变革乃是自牛顿以来物理学发生的最为深刻和最富有成果的变革。但同时必须承认，这一纲领还远未完全实现。毋宁说，自那以后发展起来的成功的物理学体系都是这两个纲领的折衷，因此这些体系都有一种过渡性的、逻辑上不完备的特征，尽管在某些细节上也许已经取得了很大进展。

这其中首先要提到洛伦兹的电子论，在这种理论中，场和带电粒子一起被视为对于理解实在有同等价值的要素。后来又出现了狭义相对论和广义相对论，它们虽然完全基于与场论有关的观念，但迄今为止还无法避免独立引入质点和全微分方程。

量子力学是理论物理学最新与最成功的创造，它从根本上不同于我们所谓的牛顿纲领和麦克斯韦纲领。因为出现在量子力学定律中的各种量并不声称描述了物理实在本身，而只是描述了我们所考察的物理实在出现的**概率**。在我看来，对这种理论所作的逻辑上最完备的解释要归功于狄拉克。他正确地指出，比如要对光子作一种理论描述，使它提供的信息足以决定光子是否会通过斜放在其通路上的偏振器，这大概很困难。

我仍然倾向于认为，物理学家不会长期满足于对实在做出这种间接描述，即使这种理论最终能以令人满意的方式符合广义相对论的假设。我相信，到头来我们必将回到所谓的麦克斯韦纲领，即通过满足偏微分方程而不带有奇点的场来描述物理实在。

# 弗莱特纳船

科学发现和技术发现的历史教导我们，人类的独立思考能力和创造性想象力并不强。即使孕育某个想法的外部条件和科学条件早已存在，通常也需要一种外部刺激才能使之实际产生；可以说，在该想法出现之前，必须耳提面命地把事情告诉人们。正在令整个世界为之惊叹的弗莱特纳船（Flettner-Schiff）就是一个很好的例子，可以说明这个并不讨我们喜欢的寻常真理。它本身也有特殊的吸引力，因为弗莱特纳转子（Flettner-Rotoren）的工作方式对于大多数外行来说仍然是一个谜，尽管这些转子只涉及纯机械力的应用，人人都相信自己可以本能地理解它。

弗莱特纳的发明的科学基础其实已经有大约二百年的历史了。自从欧拉和伯努利为无摩擦的液体运动确定了基本定律以来，它就一直存在。然而，它的实际可能性得到实现却只有几十年的历史，也就是说，自从我们有了可用的小型电动机之后。即使在那时，这项发现也不会自动出现，它要想出现，机会和经验必须先作几次干预才行。

弗莱特纳船的工作方式非常类似于帆船；和在帆船中一样，风力也是推进船只的唯一动力，但风不是作用于帆，而是作用于由小型电动机保持旋转的垂直金属皮汽缸上。这些电动机只需克服气缸与周围空气以及轴承中的少量摩擦。正如我所说,船只的动力只由风来提供。旋转气缸看起来像是船的烟囱,不过有后者的几倍高和几倍厚。它们呈现给风的截面面积大约是帆船帆具的等效面积的十分之一。

“但这些旋转的气缸究竟是如何产生动力的?”外行人绝望地问。我将尽可能不用数学语言来回答这个问题。

以下引人注目的定律适用于可以忽略摩擦效应的流体(液体或气体)的所有运动:如果在均匀流体中不同点有不同的流速,那么在速度较大的那些点压力较小,反之亦然。这从运动的基本定律很容易理解。如果运动的流体中存在着一个从左向右增加的向右的速度,则单个流体微粒在其从左到右行进时必定会加速。这种加速要想发生,必须有一个力向右作用在微粒上。这要求其左边缘的压力应当比其右边缘的压力更强。由此可知,当右侧的速度大于左侧的速度时,左侧的液体压力要大于右侧的液体压力。

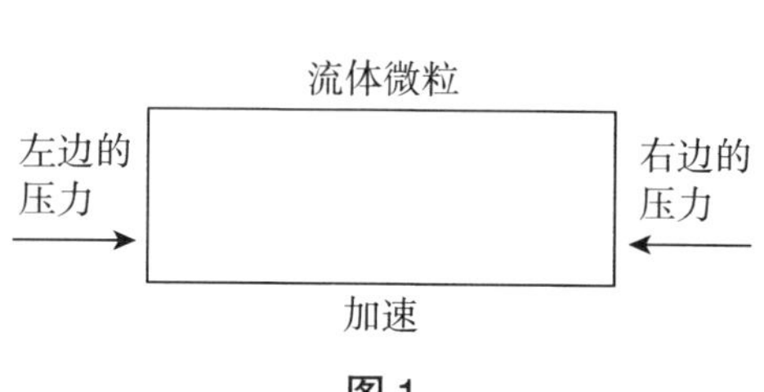


图 1

显然,有了压力与速度成反比的这个定律,那么只要知道液体中的速度分布,我们就可以确定由液体(或气体)的运动所产生的压力。现在,我要通过香水喷洒器这个熟悉的例子来显示该原理如何运用:

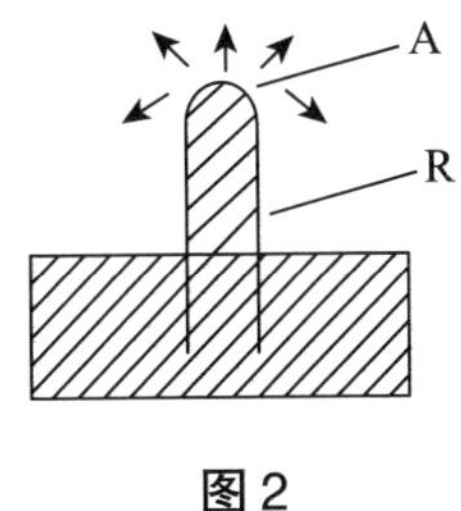


图2

经由在开口A处略微加宽的管道，借助一个可压缩的橡胶球将空气高速排出。空气流在行进时沿所有方向均匀散布，在此过程中，气流的速度逐渐减少到零。根据我们的定律可以清楚地知道，由于高速，A处的压力要小于距离开口更远处的压力；A处存在吸力，而更远的地方则是静止的空气。如果将一根两端都开口的管R竖起，使其上端位于高速区域，其下端位于充满液体的容器中，则A处的吸力将把液体向上拉出容器，在A处出现的液体将被空气流分成微小的液滴并搅拌。

做了一番准备之后，让我们考虑弗莱特纳气缸中的液体运动。设Z是从上往下看到的气缸。起初它并不旋转。假定风沿箭头所示的方向吹。它必定会围绕气缸Z作某种回旋，在此过程中它以相同的速度经过A和B。因此，A和B处的压力将相同，风对气缸没有力的作用。现在让气缸沿箭头P的方向旋转。结果是，风在流经气缸时被不平等地分到了两侧：气缸的旋转将在B处辅助风的运动，在A处阻碍风的运动。在气缸旋转的影响下，在B处产生的运动要比在A处产生的运动速度更大。因此，A处的压力大于B处的压力，气缸受到一个从左到右边的力的作用，这个力被用来推动船前进。

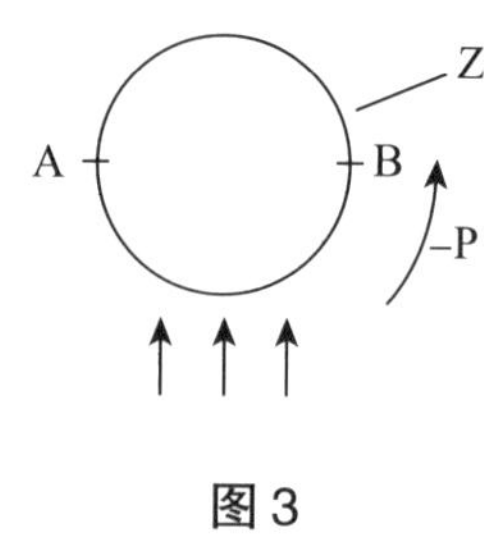


图3

我们也许以为，有创造力的人凭借自己，也就是说没有外在的原因，就能产生这个想法。然而，实际发生的事情却是这样的：人们观察到，即使在无风的情况下，炮弹的轨迹也会与穿过炮弹初始发射方向的垂直平面有相当大的、不规则变化的横向偏转。根据几何学，这种奇特的现象必然与炮弹的旋转有关，因为对于空气阻力的横向不对称想不到有什么其他的形成原因。这种现象让专家们颇感困惑，后来柏林的物理学家马格努斯（Magnus）大约在上个世纪中叶发现了正确的解释。它与我方才就风中作用于弗莱特纳气缸上的力所作的解释相同。只不过气缸Z被一个围绕垂直轴旋转的炮弹所取代，风则被空气与飞行炮弹的相对运动所取代。马格努斯用一个与弗莱特纳气缸没有材料差别的旋转气缸作了实验，并以此确证了他的解释。稍后，伟大的英国物理学家瑞利勋爵（Lord Rayleigh）就网球再次独立发现了相同的现象，并且给出了正确的解释。不久前，著名的普朗特（Prandtl）教授对马格努斯气缸周围的流体运动进行了准确的实验和理论研究，在此过程中，他设计并且几乎做出了弗莱特纳的整个发明。正是由于看到了普朗特的实验，弗莱特纳才想到也许可以用这个设备来代替帆。如果他没有想到这一点，谁知道其他人会不会想到？

# 河道弯曲的原因和贝尔定律

众所周知,水流倾向于沿蛇形弯曲,而不是循着地面的最大下降方向前进。地理学家也都知道,北半球的河流倾向于主要侵蚀右侧,而南半球的河流则相反(贝尔定律)。许多人都曾尝试解释这种现象,我不知道我接下来要讲的东西对于专家来说是否是新的;当然,我的一些思考大家是知道的。但由于发现大家还不太清楚这其中涉及的因果关系,我想不妨对此给出简短的定性论述。

首先,水流在触碰河堤的地方速度越大,或者说在河堤的某一点更陡峭地下降为零,侵蚀显然就越强。这平等地适用于所有情况,无论这种侵蚀依赖于力学因素还是物理-化学因素(土地成分的分解)。因此,我们必须集中关注这样一些情况,它们影响了河堤处速度下降的梯度。

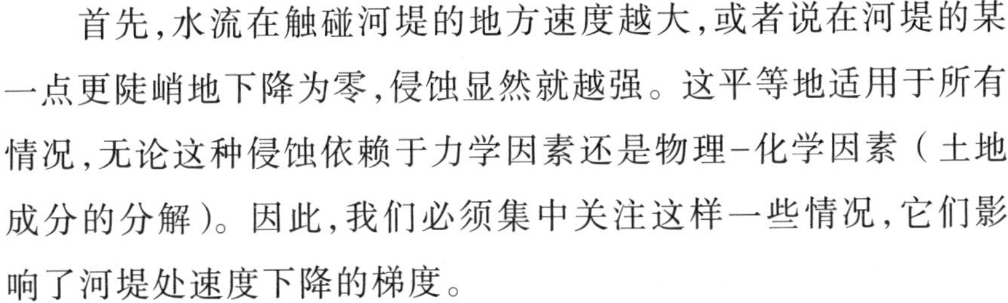

在两种情况下,相关速度下降的不对称性间接缘于其形成的一种圆周运动,我们接下来就来关注它。

我先谈一个小实验,任何人都很容易重复:想象一个装满茶的平底杯。一些茶叶留在杯子底部,因为它们比被其挤走的液体更重。如果用勺子使液体旋转,茶叶很快就会聚集在杯子底部的中心。这种现象的原因如下:液体的旋转导致一个离心力作用于它。如果液体像固体一样旋转,那么这本身会导致液体流动没有变化。但在杯壁附近液体受到摩擦的约束,因此它的旋转角速度要小于距离中心更近的其他地方。特别是,底部附近的旋转角速度和离心力将比高处更小。结果,液体会作如图1所示的那种圆形运动。它继续增加,直到在杯面摩擦的影响下变得静止。茶叶被圆周运动带向杯子中心,可以证明圆周运动的存在。

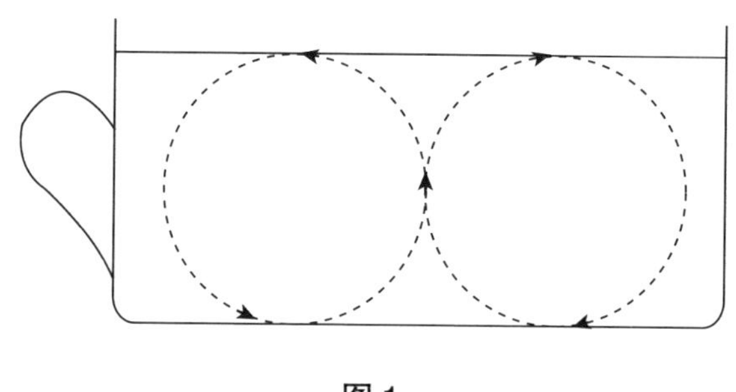

图1

发生弯曲的水流也是类似(图2)。在弯曲河道的任一横截面处,都有一个离心力朝着曲线外侧的方向(从A到B)发生作用。这个力在底部附近要小于高于底部的地方,因为底部附近的水流速度因摩擦而减小。这便引起了图2所示的那种圆周运动。但由于地球的旋转,即使河流没有弯曲,图2所示的那种圆周运动也仍然会发生,只不过是小规模的。地球的旋转产生一个横穿过水流方向起作用的科里奥利力,其向右的水平分量是每单位质量的流体$2v\Omega\sin\Psi$,其中$v$是水流的速度,$\Omega$是地球旋转的速度,$\Psi$是地理纬度。由于地面摩擦导致这个力朝着底部减小,所以这个力也产生了图2所示的那种圆形运动。

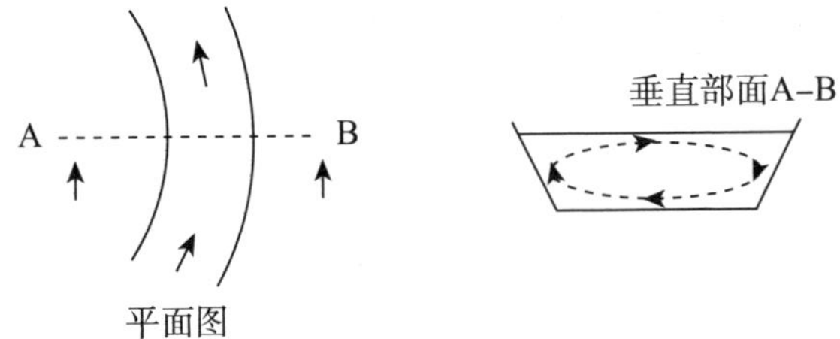


图2

经过以上初步讨论，我们又回到了水流横截面的速度分布问题，它对于侵蚀起着决定性的作用。为此，我们必须先知道河流中的（湍流）速度分布是如何实现和得到维持的。如果河道中此前静止的水突然被一个均匀分布的加速力所启动，那么横截面上的速度分布起初将是均匀的。在河堤摩擦的影响下，将会逐渐形成一个从河堤朝着横截面中心逐渐增加的速度分布。横截面上（大体上）定态的速度分布只会在河流摩擦的影响下慢慢重新开始搅乱。

流体动力学以如下方式描述了这个静态速度分布的建立过程：在平面流（势流）的情况下，所有涡线都集中在河堤上。它们分离开来，朝着水流的横截面中心慢慢移动，分布于一个厚度不断增加的层上。河堤处的速度梯度因而逐渐减小。在液体内摩擦的作用下，水流横截面内部的涡丝被逐渐消耗，并且被河堤处形成的新的涡丝所取代。这样便产生了一种准静态的速度分布。对我们来说重要的是，获得静态速度分布是一个缓慢的过程。这就是为什么不太明显的、一直在起作用的原因能对横截面上的速度分布产生很大影响的原因。现在我们考虑一下，如图2所示的因河道弯曲或科里奥利力所引起的圆周运动会对河流横截面上的速度分布产生什么样的影响。运动最快的液体微粒将会距离河堤最远,也就是说在底部中心的上方。圆周运动将会驱策着河水的这些速度最快的部分朝着右堤移动,而左堤则会得到来自底部附近的速度特别低的水。因此在图2所示的情况下,对右侧的侵蚀必然比对左侧更强。应当注意,这种解释本质上基于这样一个事实,即河水缓慢的圆周运动会对速度分布产生相当大的影响,因为通过内摩擦（抵消了这种圆周运动的后果）所作的速度调整也是一个缓慢的过程。

我们现在已经揭示了河道弯曲的形成原因。然而,由这些事实还很容易推出一些细节。不仅对右堤的侵蚀比较大,对底部右半边的侵蚀也会比较大,因此会倾向于形成如图3所示的轮廓。

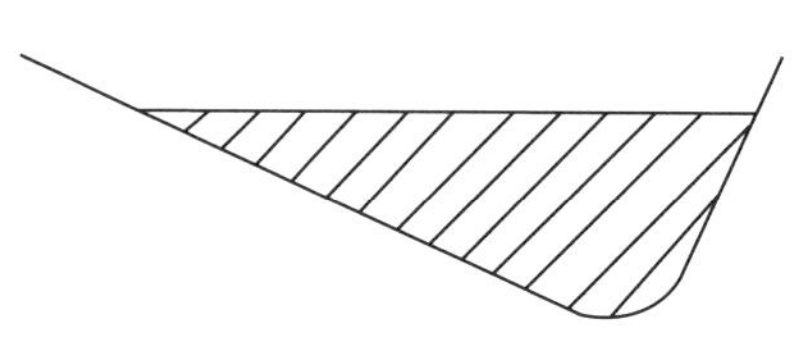

图3

此外,由于表面的河水将会来自左堤,因此尤其是在左侧,河水移动得不会像更深的河水那么快。事实上,这一点已经被观察到了。还应注意,圆周运动具有惯性。因此,圆周只有在最大弯曲的地方以外才能达到最大,当然这也同样适用于侵蚀的不对称。因此在侵蚀过程中,河道弯曲形成的波线必定沿着水流的方向前进。最后,河流的横截面越大,圆周运动被摩擦消耗得就越慢;因此,河道弯曲形成的波线将会随着河流的横截面而增加。

# 论科学真理

一、很难赋予“科学真理”一词以确切的含义。“真理”一词的含义根据我们处理的是经验事实、数学命题还是科学理论而有所不同。对我来说,“宗教真理”根本没有什么清楚的意思。

二、通过鼓励人们从因果的角度来思考和看待事物,科学研究可以减少迷信。所有高阶的科学工作背后都有一种类似于宗教感情的信念,即相信世界是合理的或可理解的。

三、我坚信有一个高超的心灵在经验世界里展现出来,这种与深挚的感情密切相关的坚定信念代表着我的上帝观。按照通常的说法,或可称之为“泛神论”(斯宾诺莎)。

四、至于教派传统,我只能从历史和心理上加以考量,对我别无意义。

# 科学家的道义责任

我们是否应当认为，追求真理——或者更谦逊地说，努力通过构造性的逻辑思维去理解可以认识的宇宙——是我们工作的一个独立目标？抑或，追求真理是否应当从属于其他目标，比如从属于某个“实用的”目标？这个问题不能基于逻辑来决定。然而，只要这个决定出自深挚而坚定的信念，就会对我们的思想和道德判断产生很大影响。那么就让我作一自白：对我自身而言，努力获得更深入的洞见和理解是那些独立的目标之一，倘若没有这些目标，有思想的人就不会秉持积极自觉的生活态度。



我们追求理解的本质就在于：一方面，它试图包含纷繁复杂的人类经验；另一方面，它又寻求简单而经济的基本假定。考虑到我们的科学知识还处于原始状态，认为这两个目标可以并存只是出于信念。倘若没有这种信念，我就不可能坚信知识的独立价值。

从事科学工作的人所秉持的这种类似宗教的态度，对其整个人格也会产生影响。对于科学人来说，除了积累的经验和逻辑思维的规则所提供的知识，原则上没有什么权威可以把自己的决定和说法宣称为“真理”。这便导致了悖谬的状况：科学家致力于研究客观事物，但从社会的观点来看，他却沦为极端的个人主义者，至少在原则上，他除了自己的判断什么也不信。几乎可以断言，思想上的个人主义与科学时代在历史上是同时出现的，而且至今形影不离。

也许有人会说，就像古典经济学中的“经济人”（*homo economicus*）一样，这里描绘的“科学人”只不过是一种抽象，实际上并不存在于这个世界上。但在我看来，要不是古往今来有许多人已经非常接近这种理想，今天的科学就不可能出现并持续下去了。

当然，并不是每一个学会使用显得“科学的”工具和方法的人，都是我心目中的科学人。我仅指心中真正持有科学精神的人。

那么，今天的科学人作为社会成员的地位如何呢？显然，他非常自豪科学家的工作几乎完全淘汰了体力劳动，彻底改变了人类的经济生活。但另一方面，他又感到忧虑，因为科学研究成果已经落入盲目追求政治权力的人手里，从而对人类构成了威胁。他意识到，他的工作所造就的技术方法已经导致政治经济权力集中在少数人手中，他们渐渐完全支配了日益涣散的大众的生活。更糟糕的是，政治经济权力集中在少数人手中不仅使科学人产生经济依附，而且也威胁他的精神独立。在思想和精神上施加种种不当影响，会阻碍真正独立人格的发展。

因此，正如我们亲眼所见，科学人遭遇到一种真正悲惨的命运。他通过超乎寻常的努力，真心诚意地追求思想的清晰和内心的独立，结果却造出了被用来奴役他、又从内心毁灭他的工具。那些掌握着政治权力的人使他不得不噤若寒蝉。作为士兵，他不得不牺牲自己的生命和消灭别人的生命，尽管他确信这种牺牲是荒谬愚蠢的。他清楚地知道，普遍的毁灭不可避免，因为历史的发展已经使经济、政治和军事的全部权力都集中在国家手中。他也认识到，只有创建一种基于法律的超国家制度来永久消灭武力手段，人类才能获得拯救。但科学人却自甘堕落，居然把国家强加给他的奴役当作不可避免的命运接受下来，甚至俯首帖耳地帮助完善注定会毁灭全人类的工具。

难道科学家真的无法逃脱吗？他真的必须容忍和遭受所有这些侮辱吗？他以内心的自由和思想研究的独立所唤醒的时代，那个曾经使他有机会启迪同胞、丰富生命的时代，难道真的一去不复返了吗？把工作过分置于理智的基础上，岂不是忘记了他的责任和尊严吗？我的回答是：一个天生自由和严谨的人固然可以被消灭，但这样的人绝不可能被奴役，或者被用作盲目的工具。

如果今天的科学人能有时间和勇气，诚恳认真地思考自己的处境和面临的任务，并相应地采取行动，那么目前危险的国际局势就可望找到合理妥善的解决办法。

# 附　录*

## 我的世界观

本文完成于1930年，英译本刊于1931年纽约出版的《当代哲学》（*Living Philosophies*）第13卷。

## 国家与个人良知

本文1950年12月22日发表于美国《科学》杂志。

1950年，爱因斯坦加入了推进世界和平与人道的“科学的社会责任协会”，此后发表本文。1949年9月，在美国宾夕法尼亚州的哈弗福德（Haverford）成立了一个按照民主原则建立的国际协会“科学的社会责任协会”。该协会由工程师、技术人员、科学家和医生所组成，其中大多为贵格会教徒。他们发扬和平主义精神、积极致力于慈善事业的行为得到了爱因斯坦的高度评价。

---

* 本附录为原书编者所附，主要介绍了正文各篇文章发表的背景。——译者

## 宗教与科学

本文首次发表于1930年11月11日的《柏林日报》(*Berliner Tageblatt*)。

## 法西斯主义与科学

阿尔弗雷多·罗科(Alfredo Rocco,1875—1935)是一位精明的法学家,他通过立法程序赋予法西斯主义以合法基础。1924年至1925年,他主持意大利众议院的工作。1925年至1932年,罗科教授任司法和文化事务部部长,此后任罗马大学校长,在此期间结束了他的写作生涯,其最主要的作品是《法西斯主义学说及其在政治思想史上的地位》(*La dottrina del Fascismo e il suo posto nella storia del pensiero politico*)和《从自由国家到法西斯国家》(*Dallo Stato liberale allo Stato fascista*)。这封信是爱因斯坦在柏林附近的卡普特(Caputh)写的,罗科时任文化部部长。

## 道德文化的必要性

1951年1月6日,“道德文化协会”成立75周年纪念会在纽约举行,会上宣读了爱因斯坦的这封贺信。协会主席阿尔杰农·D.布莱克(Algernon D. Black)在致辞中表示,这个不拘陈规的协会主张，每一种宗教都有义务让民众和平共处、友好协作。其最高原则还包括尊重个体和相信人性之善。

## 失去的天堂

国际联盟1919年在日内瓦成立，1946年被“联合国”取代。国际联盟成立后不久，爱因斯坦用法语写了这篇讽刺性短文。从中可以看出，爱因斯坦那时就对科学家违背国际主义精神的行为深感痛心和失望。

## 论学术自由

埃米尔·尤利乌斯·贡贝尔（Emil Julius Gumbel）1891年出生于慕尼黑。当时大批右翼极端学生被煽动，有组织地以恐怖手段威胁贡贝尔，爱因斯坦于1931年发表了他关于“贡贝尔事件”的看法。1923年至1932年，贡贝尔任海德堡大学教授，因其优秀的统计学研究而在业界备受好评。那时他撰写了《四年政治谋杀》（*Vier Jahre politischer Mord*）、《黑色国防军白皮书》（*Weißbuch über die schwarze Reichswehr*）和《叛徒应当秘密审判》（*Verräter verfallen der Feme*）等著作研究当时德国民族沙文主义者的暴行，成为令后者深恶痛绝的编年史家。爱因斯坦和拉德布鲁赫（Radbruch）是当时教授群体中的无畏勇士，保卫着英勇的民主党人与和平主义者。被剥夺德国国籍后，贡贝尔依然躬耕不辍，先后在里昂、纽约继续其学术活动。

# 现代审问制度

1953年5月2日,来自布鲁克林的一位教师威廉·弗劳恩格拉斯(William Frauenglass)致信《纽约先驱论坛报》(*New York Herald Tribune*)的编辑。在信中,弗劳恩格拉斯抱怨他因为参与了1947年为教师开设的关于国际文化关系问题的讲座而被传唤到华盛顿,一个反共委员会用非民主的审查方式审问了他。尽管面临被开除教职的威胁,弗劳恩格拉斯还是坚定地拒绝提供关于其政治关系的信息。在这种危险的情况下,他把自己的信也寄给了被他描述成一个勇敢的离经叛道者的爱因斯坦。在这封被重新刊登的信中,爱因斯坦立场鲜明地反对参议员麦卡锡及其法西斯反动派追随者们通过窥探监视来扼制精神自由的做法。

1953年6月12日,爱因斯坦在《纽约时报》(*New York Times*)上发表了他的回信,并且在接受编辑的电话采访时声明,他本人也将拒绝向类似的委员会作证,这在世界新闻界引发了几乎是爆炸性的反响。1953年6月爱因斯坦对本书编者说:"这件事引发的反应是,所有主流报纸都比较客气地表示反对。这当然也不出所料,因为每家报社都指望更大的广告投资呢。此外,我还收到了大量私信,其中大部分表示热烈赞同,小部分提出严厉谴责,只有少数信件言辞谨慎。总的来说,我觉得这封信为净化政治空气做出了一点贡献,希望它在将来还能做出贡献。"

1953年6月15日,活跃的文化评论家伯特兰·罗素从伦敦给《纽约时报》写了以下具有讽刺意味的话:“贵报6月13日那期刊登了一篇社论,反对爱因斯坦的主张,即教师若被麦卡锡所派的人审问,应当拒绝提供信息。贵报似乎支持这样的观点,即哪怕法律是邪恶的,也必须永远服从。我无法想象,贵报其实已经料到这种观点必定会引发的后果。贵报是否在谴责那些拒绝向异教统治者献身的基督教殉道者?是否在谴责推进黑奴解放运动的约翰·布朗(John Brown)?是的,我几乎要怀疑贵报也在谴责乔治·华盛顿,并认为贵国应当返回过去听命于伊丽莎白二世女王陛下。作为忠诚的英国人,我当然会赞成这个观点,但此观点在贵国恐怕不会得到热情支持。”

## 培养独立思考的教育

本文节选自爱因斯坦就教育问题接受的采访,载于1952年10月5日的《纽约时报》。

## 致日本学童

1922年11月20日,爱因斯坦从中国出发,抵达日本神户。1923年1月临行前,他还用法语同日本皇后进行了简短交谈。

## 达沃斯的大学课程

1926年春,高山小镇达沃斯的游客科拉里茨(J. Kollarits)

在《达沃斯杂志》(*Davoser Revue*)上发表文章,建议国际联盟在达沃斯建立一所世界性的高山大学。雕塑家菲利普·莫德罗(Philipp Modrow)曾于5年前提出这个建议,但没有得到多少赞同。获得较多支持的是戈特弗里德·萨洛蒙(Gottfried Salomon)在1927年秋天提出的计划,他建议每年春季在达沃斯组织一次国际学者和学生大会,以促进各国人民之间的相互理解。

第一届大会于1928年3月18日至4月14日召开,来自4个国家的49位教师和250名听众参加了会议。吕西安·列维-布留尔(Lucien Levy-Bruhl)、汉斯·德里施(Hans Driesch)、尼古拉·哈特曼(Nicolai Hartmann)、古斯塔夫·拉德布鲁赫(Gustav Radbruch)、威廉·拉帕德(William Rappard)和阿尔布莱希特·冯·门德尔松-巴托尔迪(Albrecht von Mendelssohn-Bartholdy)等教授出席并发言。第二届和第三届大会由瑞士联邦议员莫塔(Motta)和海伯林(Häberlin)发起。日益加剧的民族沙文主义阻碍了大会的继续召开,也使这所试图促进师生之间志同道合关系的"交叉大学"变得不合时宜。

1928年3月18日,爱因斯坦发表了备受瞩目的演讲《物理学的基本概念及其发展》,本书收录的《达沃斯的大学课程》即是此讲座的开场白。根据速记,他解释说,原始人把所有事件都归结为无形精神的意志活动,而更高的精神则致力于追求一种严格的因果过程。诚然,自由意志的虚构仍然存在,但却不会威胁到因果性。相反,物理学家却可以动摇其根基。爱因斯坦从欧几里得几何学中包含的物理学基本概念讲到牛顿和伽利略在其基础上建立的经典力学，之后概述了法拉第和麦克斯韦对电磁力学的进一步发展，然后又通过相对论完善了其逻辑。最后，爱因斯坦把大家的注意力拉回到现代物理学发展的风雨历程。他提到，在某些辐射引起了基本化学变化过程的情况下，起重要作用的不是辐射的强度，而是其颜色和频率，对此，场论却不能做出解释。电子绕原子核旋转时，也会发生类似的情况。为了解释这些状态变化，人们已经提出了一些理论，这些理论原则上是静态的，并且否认严格的因果性。类似于光波辐射理论，现在也出现了一种物质波理论。

之后，爱因斯坦接管了一个学生工作小组的领导工作，此时瑞士作家汉斯·米勒施泰因（Hans Mühlestein）援引康德激烈地反对爱因斯坦，爱因斯坦则作了诙谐有力的反驳。为了改善第一次大会的财务状况，爱因斯坦还同意以小提琴手的身份加入特别组建的室内乐三重奏。在一次排练中，奥地利画家艾默里希·哈斯（Emmerich Haas，一年后死于肺结核）为这位热爱音乐的物理学家成功地创作了一幅栩栩如生的铅笔素描。

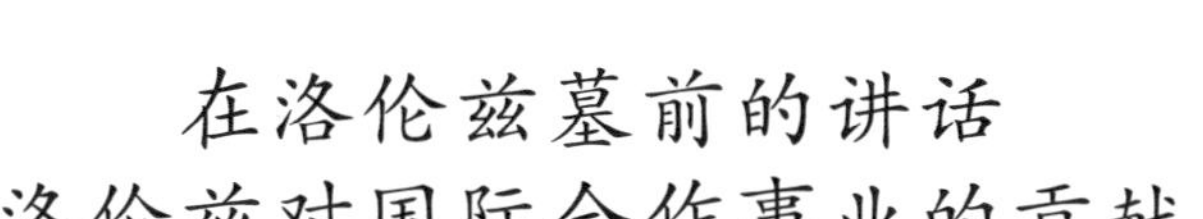

## 在洛伦兹墓前的讲话
## 洛伦兹对国际合作事业的贡献

亨德里克·安东·洛伦兹（Hendrik Antoon Lorentz）从1878年起一直在莱顿担任理论物理学教授，直到去世。1902年，他与同为荷兰人的彼得·塞曼（Pieter Zeemann）共同获得了诺贝尔物理学奖。作为电子理论的奠基人，洛伦兹提出了电结构的原子概念，从而使麦克斯韦和赫兹的理论得到了决定性的扩展。

作为1922年成立的“国际联盟知识合作委员会”主席，洛伦兹致力于发展平等的国际伙伴关系，爱因斯坦对此也表示支持。关于两人的其他合作关系，参见塞利希（Carl Seelig）的《爱因斯坦和瑞士》（*Albert Einstein und die Schweiz*）。

索尔维会议以比利时化学家欧内斯特·索尔维（Ernest Solvay，1838—1922）的名字命名。1863年首次使用的“索尔维制碱法”改变了国际上制造苏打的方法。1902年，在苏打176万吨的世界总产量中，有161万吨是用他的方法生产的。具体方法如下：先在40摄氏度的浓盐水溶液中加入氨，然后加入二氧化碳，从而得到碳酸氢钠（苏打）。在煅烧过程中，有一半用过的二氧化碳将被回收，并再次用于生产。氨气也是如此。

索尔维将通过这项发明及其生产所得的部分财富捐献出来用于慈善，同时也用于资助科学研究和机构。自1909年以来，他所资助的索尔维会议已经成为物理学和化学顶尖人才的重要论坛。1911年，爱因斯坦首次参加索尔维会议。1909年夏天，索尔维和爱因斯坦同时荣膺日内瓦大学荣誉博士。

## 创造者洛伦兹及其人格

本文底稿于1953年2月底完成。其外在动力是1953年7月18日在莱顿举行的洛伦兹教授100周年诞辰纪念大会。与此同时，莱顿的荷兰国立自然科学史博物馆（Rijkmuseum voor de Geschiedenis der Natuurwetenschappen）还举办了洛伦兹及其同事海克·卡默林·昂内斯（Heike Kamerlingh Onnes，1853—1926）的生平和工作展，昂内斯以制造出最低温度和氦的液化而著称。值此之际，博物馆收到了一份珍贵的礼物，那就是洛伦兹写给爱因斯坦的大量亲笔信。洛伦兹的其余信件保存于海牙的中央帝国档案馆。

1881年，波兰裔美国物理学家阿尔伯特·A.迈克尔逊（Albert A. Michelson）在波茨坦的天体物理观测站做了迈克尔逊-莫雷实验（或简称“迈克尔逊实验”），以测量地球在假设的以太中的运动。根据这个实验，爱因斯坦于1905年抛弃了经典的时空概念，在狭义相对论中确立了光速恒定原理。迈克尔逊曾在德国师从亥姆霍兹（Helmholtz）研究物理学，1907年，他因精密光学仪器的制造以及在光谱学和气象学方面的研究而获得诺贝尔物理学奖。

## 约瑟夫·波佩尔-林凯乌斯

作为一位社会政治家，约瑟夫·波佩尔-林凯乌斯（1838年生于中波希米亚的卡林，1921年卒于维也纳）在思想和文学领域的影响颇为深远，他的生平与作品也值得一提。根据与之交好的女作家艾尔泽·费尔德曼（Else Feldmann）的描述，波佩尔“如天使一般温柔善良，但他也有一个愤怒的灵魂，如烈火般熊熊燃烧”。费尔德曼第一次拜访波佩尔时，波佩尔问她父母是否还健在，是否富裕，她是做什么工作的。“这就是波佩尔。对他来说，人最重要的就是有饭吃，冬天不用挨冻，身体健康，工作顺心，工资可以糊口，其次才是人的个性、品格和习惯。”1921年12月21日，波佩尔处于弥留之际，费尔德曼守在这位83岁老人的病榻前。他忽然睁开眼睛，开玩笑地问她对未来有何设想。看到他以轻松的心态面对死亡，费尔德曼也颇感欣慰，便回答说：“我希望有朝一日没有人再会挨饿！”——“是的，”波佩尔用微弱的声音说，“那将是开始。因为对我来说，一切都还没有开始。”

波佩尔的职业生涯始于布拉格，在那里，他写快递货运单和售卖火车票。后来，他又成了一名电报员，直到他自立门户，在维也纳创办了一家报社。他在报纸上刊登了许多科技报告。即使收入甚至不抵一个杂务工，他仍然夜复一夜地编辑这些专题报告。与此同时，他在维也纳大学注册成为旁听生，学习天文学、数学和物理学。1867年，他首次以发明家的身份出现在公众面前。他创造了用于防止蒸汽锅炉内壁积累鳞屑的衬垫系统，之后，他按计划投入到航空研究中。他成功地制造了举世闻名的空气冷凝器、自通风分级装置和新型表面冷凝器，并且给出了稀释程度不同的空气对蒸汽消耗的影响的数学表述。24岁时，他就已经向维也纳帝国科学院说明了电力传输原理，直到20年后，才有一个更善于交际的人使之付诸实际应用。由于顽疾，波佩尔最终不得不放弃了这项技术工作。几乎所有较大的冷却塔都是在他的亲自指导下建造的：这项工作常常有生命危险，因为他必须爬上陡峭的屋顶，在腾腾的热气或刺骨的寒风中检查锅炉。他刻苦自学，研读蒙田、利希滕贝格（G. Ch. Lichtenberg,

天才物理学家、格言式讽刺作家)、卢梭、席勒和伏尔泰的作品。伏尔泰勇敢地同伪善作斗争,这使波佩尔深受感动。波佩尔写道:“在他之前,欧洲人在沉沉的黑暗中喘息。她[欧洲]弯着腰走了进来,背着一些古书。此时,一阵震撼世界的笑声响起,一束光线穿透了房间,人们突然挺直了身子,书籍轰然倒地:伏尔泰来了。”波佩尔对这位启蒙运动领袖的性格分析,至今仍值得一读。

作为作家,约瑟夫·波佩尔获得了“林凯乌斯”(Lynkeus)的称号。作为慈善家的他以《解决社会问题的全民给养义务》(*Die allgemeine Nährpflicht als Lösung der sozialen Frage*, 1912)和《生的权利和死的义务》(*Das Recht, zu leben, und die Pflicht, zu sterben*, 1878)这两部著作而闻名。前一著作对国民经济学和各个党派进行了深刻的批判,并且对如何解决社会问题提出了详细的建议。它基于全面的数据材料,主张用全民给养义务来取代全民兵役。国家保障所有公民在食物、衣服、住房和医疗等方面最起码的需求。作为回报,每一位公民都有义务在“给养军”(Nährarmee)中服务一段时间,波佩尔算出最佳时间为男性14年,女性8年。“给养军”生产人们的一切生活所需。这一服务期结束后,人们就可以摆脱一切物质困扰,既可以由国家出资过小康生活,也可以通过私人劳动满足自己增加财富的愿望。波佩尔希望通过这项补偿计划赢得中产阶级和工人群众对他的支持,消除党派分歧。某些国家为了战争的目的而利用臣民,在和平时期却不向他们提供最起码的生活必需品,这种不道德的态度也使他反对全民兵役和死刑。他的《生的权利和

死的义务》指出，任何人都不应被禁止打仗，但任何人都不应被迫服兵役。因为“当正义和信念占主导时，每个人都可以自由地为自己的理想而牺牲。但没有人应当为别人的理想而死”。

波佩尔深谙中国的文化和人生观。与任何明确的宗教相比，他更推崇健全的人类智识。其首要原则是：不可侵犯他人的生活，尊重他人，宽以待人，乐于助人以及无言的善意。基于这些原则，他撰写了80篇短小的轶事和故事，1899年以《一个现实主义者的幻想》(*Phanstasien eines Realisten*)为题出版。此书显然是受到了孔子的影响，他把孔子尊为世界历史上最杰出的人物。此书一经问世便引起了轩然大波，甚至波及各国议会。最后，奥匈帝国和俄国的检察院以“道德不端”为由查抄了这部作品。直到1922年，它仍然在禁书目录上。《在战场上》和《奥斯特利茨战役之夜》等几篇反战文章以多种语言流传开来，使波佩尔名声大噪。世界各地的读者纷纷慕名前往维也纳，想亲自结识这位作者。为了安装他的发明，波佩尔游历奥地利各省，这些充满道德感的短篇故事大多是他在收工期间写的。由于经济非常拮据，他常常在最便宜的旅馆里过夜。那些使他举世闻名的小文章就是他在那些滴水成冰的旅馆房间里夜复一夜写成的。

## 贺阿诺德·柏林内尔七十寿辰

这篇贺寿文于1932年刊登于《自然科学》(*Die Naturwissenschaften*)杂志。患有严重眼疾的阿诺德·柏林内尔博士于1913年创办了这份杂志，并以满腔热情担任主编。1935年夏天，这位思维活跃、追求普遍知识的主编因其犹太人身份而遭纳粹政权解职。1942年,出于绝望,他在柏林结束了自己的生命。瓦尔特·能斯特(Walter Nernst)教授十分喜爱柏林内尔编的五版《物理学教科书》(*Lehrbuch der Physik*),常以此书授课。

## 向萧伯纳致敬

爱因斯坦第一次与爱尔兰讽刺作家、文化评论家萧伯纳(1856—1950)短暂会面,是在1921年春天首次访问英国时。那时,爱因斯坦刚从美国回来不久。在美国逗留了8个星期回到柏林之后,爱因斯坦应家财万贯的理查德·伯顿·霍尔丹(Richard Burdon Haldane)的邀请,与妻子爱尔莎去他在伦敦的豪宅待了一周。霍尔丹曾于1905年至1912年任英国陆军大臣,1912年至1915年任大法官。他是一名"自由帝国主义者",始终致力于寻求英德两国的和解。一战结束后,爱因斯坦在英国声名鹊起,此时他正与英国社会和文化进行首次接触。大约在同一时间,霍尔丹出版了《相对论的统治》(*The Reign of Relativity*)一书。他非常推崇爱因斯坦这位理论物理学的新先驱,并且在伦敦国王学院的演讲之前,把他的这位客人誉为"20世纪的牛顿"。霍尔丹1929年出版的《自传》中载有他与爱因斯坦在安妮女王之门大街28号豪宅前的合影。

1933年10月,爱因斯坦在最终决定移居美国之前,在伦敦"学术援助委员会"的成立会议上还获得了另一项荣誉。在这次会议上,他就"科学与自由"这一主题作了发言。致欢迎辞的是该委员会的主席欧内斯特·卢瑟福(Ernest Rutherford)教授，他是20世纪最具原创性的实验物理学家之一，正是他邀请爱因斯坦来参加在英国本土举行的这次会议。

这篇简短的《向萧伯纳致敬》于1930年秋问世。萧伯纳的秘书布兰奇·帕奇(Blanche Patch)在她1951年出版的《和萧伯纳共度的三十年》(*Thirty Years with G. B. S.*)中讲述了这次英国之行。根据这本回忆录，萧伯纳在和同代人打交道时不注意任何社会差异，也毫不在乎这些差异。不过作为东道主，他总是邀请那些他欢迎的、彼此不会感到无聊的客人。1930年10月，爱因斯坦与这位思想熠熠生辉的剧作家共进午餐，邮政总局局长赫伯特·塞缪尔(Herbert Samuel)和他的儿子埃德温·塞缪尔(Edwin Samuel)也同时在座。饭后，邮政局长带爱因斯坦去了下议院。当晚或次日夜晚在萨沃伊酒店举行了一场欢迎爱因斯坦的宴会。当时主持宴会的是罗斯柴尔德(Rothschild)，他和其他知名人士一起为东欧贫困的犹太人发出了呼吁。

在晚宴上，萧伯纳发表了一篇关于爱因斯坦的演讲，它通过无线电广播一直传到了好莱坞。他在演讲中说，爱因斯坦把科学搞得一团糟。爱因斯坦回应道:“这有什么关系？不关你的事！”其实萧伯纳是想赞美爱因斯坦，他讨厌循规蹈矩的科学家如同讨厌刻板教条的神学家。他对普通的科学家极尽讽刺，认为真正伟大的科学家只有八位。帕奇在文中说，萧伯纳在给爱因斯坦敬酒时列出了这八位科学家，即毕达哥拉斯、亚里士多德、托勒密、哥白尼、伽利略、开普勒、牛顿和爱因斯坦。当时已经74岁的萧伯纳对这次讲话非常重视，我不得不先用打字机打出它的内容。

这是一个异乎寻常的要求，因为他平时说话不用提前抄录。

他解释说，在这些伟大的自然哲学家中，只有托勒密、牛顿和爱因斯坦这三位创造了完整的宇宙。其他人只是在他们的基础上修修补补。这三位伟人领导着一场伟大的人性运动的一面，而人性有两个面向，我们把一个面向称为“宗教”，把另一个面向称为“科学”。——萧伯纳又说：“宗教解释了所有问题，从而废除了宇宙的问题。宗教为我们提供了确定、安稳与和平。它保护我们免遭我们大家都恐惧的进步。而科学则恰好相反，它总是错的。为了解决一个问题，科学定会引出十个新问题。”

所有这些伟人都在试图解决这些问题。哥白尼证明托勒密错了，开普勒证明哥白尼错了，伽利略证明亚里士多德错了。然而正在此时，这个序列中断了。因为此时科学第一次遇到了无法计算的自然现象——一个英国人。作为英国人，牛顿得以将惊人的心智能力与轻信和幻觉结合起来，此举甚至会让一只智力中等的兔子感到丢脸。

作为英国人，牛顿还假设了一个直线的宇宙，因为英国人总是用“直”来表示可敬、可信，简而言之，就是正直。牛顿知道，宇宙是由运动的天体组成的，它们都不作直线运动，也不可能作直线运动。但这样的事实不会让任何英国人感到气馁。为了解释为什么这些线在其直线宇宙中都是弯曲的，牛顿发明了一种被称为“引力”的力，并且创造了一个完全英国的宇宙。

300年来，人们把牛顿的学说当成一种“宗教”虔诚地信仰着。这种牛顿宗教之书并非东方的那种神奇的东西，即人们所谓的圣经。它是英国的事实之书，是一种天文时刻表。它给出了所有天体的位置、间距、运行速度、在什么时刻会形成食，或者在什么时刻会像天狼星一样在未来与地球相撞。

一切都是准确、安全、绝对和英国的。然而此学说建立三百年后，一位青年教授在欧洲中部站起身来，冷静地对我们的天文学家说："先生们，如果你们能仔细观察下一次日食，你们就会查明水星的近日点出了什么问题。"——日食发生于1919年3月29日，英国皇家学会组建了两支大规模的科学远征队来检验爱因斯坦的计算。——来自文明世界的牛顿主义者这样回答他："倘若这个可怕的断言被证明是真的，而日食又证实了这个渎神的说法，那么接下来，这位青年教授将会质疑引力的存在！"青年教授笑道："引力是一个非常有用的假说，在大多数情况下都能给出非常准确的结果。"不过，他个人却离不开引力。现在需要他解释：倘若引力不存在，为什么天体不沿直线飞出宇宙？他回答说，这不需要任何解释，因为宇宙根本不是直的和完全英国的，而是弯曲的。于是，牛顿的宇宙分崩离析，爱因斯坦的宇宙取而代之。萧伯纳接着说："爱因斯坦并非在质疑科学的事实，而是在质疑科学的公理。面对他的质疑，科学投降了。"

接着，萧伯纳又说了一些典型的萧式讥讽，惹得爱因斯坦忍俊不禁。这位来自爱尔兰的爱因斯坦崇拜者打趣地说："在伦敦，伟人一便士六个。他们形形色色、五花八门。如果我们祝他们身体健康，为之发表演讲，我们就应该为自己可耻的隐瞒和伪善而感到愧疚。假如我今晚必须向拿破仑敬酒，有一件我不能说的事情或许才是最重要的，那就是，如果他从未出生，对人类才更好。

不过至少今晚,我们没有什么东西好隐瞒,也没有什么伪善好愧疚。小人物当中有伟人,但伟人之中也有伟人,这就是我们今天尊敬的那种人。拿破仑等人是国家的创造者,但还有另一种人超越了前者,他们是宇宙的创造者,手上没有沾染人的鲜血。”

最后,萧伯纳希望爱因斯坦能够谅解他,因为他为了帮助“世界上最贫穷的人”而闯入了爱因斯坦“崇高的孤独”,萧伯纳最后还热情高涨地指出,我们每个人都有自己的小孤独。“然而,我们并未从中探索出伟大的发现,而只能像在黑暗中哭泣的孩子一样畏缩其中。让我们从所有这些小小的孤独出发,把我们的钦佩、祝愿和祈祷送给当代最伟大的人——阿尔伯特·爱因斯坦,祝他健康长寿。”

## 伯特兰·罗素和哲学思想

本文是爱因斯坦为席尔普(Schilpp)教授编的《在世哲学家丛书》(*Library of Living Philosophers*)第五卷《伯特兰·罗素的哲学》(*The Philosophy of Bertrand Russell*)而写。其第一版于1946年问世,第三版由纽约都铎出版公司出版。爱因斯坦这篇被翻译成英文的文章,在这里首次以德文原版呈现。文中提到的罗素著作《意义与真理的探究》于1940年出版。其中引用的一段话由本书编者译成德文。

托尔斯坦·凡勃伦(1857—1929)是美国社会批评家,在欧洲还不太知名。他从哲学认识层面对当代人堕落于一种彻底物质享乐主义的经济思想和行为作了尖锐而辛辣的讽刺和分析，他认为，这种经济思想和行为对美国和世界其他地区的社会生活造成了灾难性的影响。在马克斯·西尔伯施密特（Max Silberschmidt）教授看来，他“几乎可以被称为美国的卡尔·马克思，因为在他那里，科学传播学既是对经济现象的分析，也是对我们世界中可悲冲突的社会指控和印证。”凡勃伦作品的另一位诠释者卡尔·尤格斯特（Carl Eugster）在苏黎世欧罗巴出版社出版的凡勃伦研究中强调，他“同情小人物，同情被殴打和受压迫的人”。这位始终如一的文化战士在死前热切希望被同胞们遗忘。他留下的主要著作是《劳作本能》（*The Instinct of Workmanship*，1914）。

乔治·贝克莱（George Berkeley，1685—1753）开创了唯心主义认识论，否认物质世界的实在性。



## 消除战争威胁

本文写于1952年9月20日，同年秋天在日本东京的《改造》（*Kaizo*）杂志上发表。

其中提到的给罗斯福总统的信于1939年8月2日寄出。两位移居美国且在纽约哥伦比亚大学任教的物理学家，意大利人恩里克·费米（Enrico Fermi）和匈牙利人利奥·西拉德（Leo Szilard），曾经请相对论的创立者爱因斯坦签名，信中请美国总统注意铀弹的灾难性后果。爱因斯坦在写给总统的私人信件中指出：“在不久的将来，铀元素可能会发展成一种新的重要能源——用于制作炸弹，如果这种炸弹在港口引爆，很可能就会把整个港口和周围区域夷为平地。”爱因斯坦担心好战的纳粹分子很快会将这一巨大的动力源滥用于战争（奥托·哈恩［Otto Hahn］和莉泽·迈特纳［Lise Meitner］已经在威廉皇帝研究所发现了铀裂变)，所以在信中描述了铀弹对全人类的威胁，并建议立即组建一个核研究小组，委托他们来研究铀的实际应用。根据他的警告，以制造原子弹为目的的“曼哈顿计划”被制定出来，并以美国速度快马加鞭地完成了。

除了圣雄甘地，爱因斯坦还把“原始森林医生”阿尔伯特·史怀哲（Albert Schweitzer），誉为当代最纯粹的道德家。他在1953年4月给出版商的信中写道：“我与史怀哲见过两面，交谈甚久。在我看来，他对我们这一代产生了能与甘地媲美的超越国家的道德影响，西方世界唯此一人。和甘地一样，这种影响主要在于他通过毕生的实际追求所树立的榜样。”

## 在学生裁军集会上的讲话

本文是爱因斯坦1930年左右对一群爱好和平的德国学生发表的讲话。

## 致西格蒙德·弗洛伊德

爱因斯坦与奥地利精神分析学家西格蒙德·弗洛伊德（1856—1939）只在柏林有两次短暂的私人会面。本文是爱因斯坦于1931年底或1932年初写给弗洛伊德的一封私人信件。

它不同于标注有“1932年7月30日于波茨坦的卡普特”的爱因斯坦那封信，后者是62页的德文小册子《为什么有战争？》(*Warum Krieg*)的第一部分。1933年，这本小册子由国际联盟下属的“国际知识合作研究所”出版发行了2000册。后来还出现了法文、英文和荷兰文的译本。

爱因斯坦选择弗洛伊德作为这场思想交流的讨论伙伴，期望弗洛伊德凭借对人类本能生活的深刻认识，在“保卫和解放人类免遭战争蹂躏”这一话题上做出重要贡献。因为根据爱因斯坦的说法，人生在世，每个人都“有仇恨和毁灭的需要。这种倾向平时隐而不现，只有在异常情况下才暴露出来。但它比较容易被唤醒，升级为大众精神病”。1932年9月，弗洛伊德从维也纳寄出了他的回信。这封长达37页的信中特别谈到了人类的“破坏本能，它不是很受欢迎，却尤为重要。经过反复推测，我们得出的结论是，破坏本能在每一个生物中都起作用，驱使它走向毁灭，最终回到无生命物质的状态。严格说来，应当称之为死亡本能，而爱欲本能则代表对生命的渴望。在一些特殊器官的帮助下，死亡本能向外指向物体，就变成了破坏本能。可以说，生物是通过毁灭外部事物来保存自己生命的。但有一部分死亡本能仍然在生物内部起作用。我们试图把许多正常现象和病理现象归因于这种破坏本能的内在化。我们甚至成了异端，因为我们通过这种向内攻击来解释我们良心的形成。”在回信的最后，弗洛伊德表示希望，随着文化的进一步发展及其对破坏本能目标的逐渐转移、对破坏本能的限制，以及对未来战争灾难性后果的恐惧，战争能在可预见的时间里终止。

## 妇女和战争

爱因斯坦在文中说的“手无寸铁的平头百姓”就是他自己。1920年至1933年期间，德国和其他国家的“女武神们”（Walküren）经常或明或暗地攻击爱因斯坦。于是，美国“爱国妇女协会”以这个名人是彻头彻尾的共产主义者为由，正式要求华盛顿政府禁止爱因斯坦入境美国。

## 辞职信

阿尔伯特·杜富尔-福隆斯（1868—1945）生于伦敦，是瑞士将军亨利·杜富尔（Henry Dufour）的孙子，1918年起在德国外交部工作，1920年被任命为德国驻伦敦大使馆参赞。自1927年以来，他成为国际联盟第一个来自德国的副秘书长，负责知识合作部门。

正如卡尔·塞利希在《爱因斯坦与瑞士》（*Albert Einstein und die Schweiz*）一书中披露的，爱因斯坦在1923年12月25日写给居里夫人的信中表明，当时的国际联盟打着客观公正的旗号，实际上沦为获胜的强权政治的工具，因而他在1923年宣布退出国际联盟知识合作委员会。但爱因斯坦意识到，这一决定对德国沙文主义者有利而对国际联盟的理想有害，遂于1924年重新加入了这个委员会。

## 科学的国际性

本文写于第一次世界大战后不久。

“科学院的会议”是指1700年创建的“普鲁士科学院”的会议。1913年11月，在马克斯·普朗克、瓦尔特·能斯特、海因里希·鲁本斯（Heinrich Rubens）和埃米尔·沃伯格（Emil Warburg）的建议下，爱因斯坦当选为该院院士。1914年春，他从苏黎世搬到了柏林。

由于对蛋白质的合成研究有突破性的贡献，埃米尔·费舍尔（1825—1918）于1902年获得诺贝尔化学奖。其学术生涯始于埃尔朗根和维尔茨堡。从1892年至去世，他一直在柏林从事研究工作。



## 知识合作研究所

本文显然写于1926年。当时在巴黎创建了“国际知识合作研究所”，1939年以前一直是地处日内瓦的国际联盟知识合作委员会的常设执行机构。1922年该委员会成立时，爱因斯坦和居里夫人就加入了它。但其结果却令爱因斯坦非常失望，正如《爱因斯坦与瑞士》这本传记中所述，虽然这个团队的人员非常出色，但这却是他参与过的最蹩脚的事业。

“国际知识合作研究所”由法国资助，于1945年11月被新成立的联合国教科文组织取代。

## 文化衰落的症状

本文最初于1952年9月以英文刊登在美国《原子科学家会报》(*Bulletin of the Atomic Scientists*)上。

## 对世界经济危机的看法

本文指的是始于1929年的世界经济危机。现代技术的进步使得大量原材料被抛向市场,导致供过于求、物价崩溃、银行倒闭、工农企业破产。由此引发的大规模失业和民众不满加剧了激进的政治倾向,侵略性的民族主义迅速抬头。

## 生产和劳动

英国国民经济学家约翰·梅纳德·凯恩斯(John Maynard Keynes,1883—1946)是《凡尔赛和约》确立的赔款政策最激烈的反对者之一。他在20世纪20年代呼吁"黄金退位",并建议操纵货币以稳定国内物价水平。

## 国家的和平共处

安娜·埃莉诺·罗斯福(Anna Eleanor Roosevelt,1884—1962)是美国总统富兰克林·德拉诺·罗斯福(他于1945年春去世）的夫人，曾邀请“原子能委员会”的一些成员，如物理学家罗伯特·奥本海默（J. Robert Oppenheimer）和原子能委员会主席戴维·利连索尔（David Lilienthal），于1950年2月13日在她的电视节目里谈论核战争的危险。为了方便参与，爱因斯坦在普林斯顿的家中进行了拍摄。他在节目中宣读了科学家的警告。在给本书编辑的一封信中，罗斯福夫人对爱因斯坦赞不绝口，称他“性情温和但信念坚定，拥有令人难忘的品格”。

当曼弗雷德·乔治（Manfred George）所领导的《建设》（*Der Aufbau*）周刊在纽约为1945年4月12日逝世的罗斯福总统举行悼念仪式时，爱因斯坦在纪念会上发表了以下感言：“我们犹太人和犹太移民特别感激这位可敬的逝者。难能可贵的是，一个心地正直的人还被赋予了政治天赋和坚毅意志，唯其如此，一个人才能对历史事件产生决定性的、持续的影响。罗斯福总统很早就预见到后来的事情是不可避免的，并确保美国能够胜利地抵御来自德国的严重威胁。在政治上，他尽可能地保护弱者、恢复经济发展。他虽然身负重任，但健康的幽默感使他能够内心自由、处之泰然，这在那些时常要做出最重大决定的人当中是罕见的。他目标高远且始终如一，遭遇阻力障碍时又能灵活应对、令人赞叹。这些阻力是一个有远见的政治家必然要面临的，尤其是在一个民主国家，即使是最高的职位，也只能被赋予有限的权力。不论这个人何时离开我们，我们都会感到蒙受了一种无法弥补的损失。令人唏嘘的是，他再也无法运用他的独特技能来解决国际安全问题。同样可悲的是，尤其对于我们犹太人，这样一个有鲜活正义感的人，却没有看到那些具有决定性意义的协议达

成，这些协议关系到我们饱受磨难的民族是否能找到避难所，巴勒斯坦的大门能否向我们当中的逃亡者和受迫害者打开。对于罗斯福总统的逝世，所有善良的人都会感到失去了一位亲近的老朋友。愿他对后人思想和信念的影响永世长存！”

## 确保人类的未来

本文是节选，原为1952年3月初在渥太华举办的“加拿大教育周”而作。

## 与普鲁士科学院的通信

恩斯特·海曼（1870—1946）教授是第一个国际法学院的创立者。

海因里希·冯·菲克尔（Heinrich Von Ficker，1881—1957），1923年被任命为普鲁士气象研究所所长。他还因在阿尔卑斯山的升空气球以及对高加索地区、帕米尔地区和突厥斯坦的科学考察而闻名。

## 犹太共同体

这篇演讲发表于1930年秋，其中提到了本书所载的《向萧伯纳致敬》。1930年10月29日，萧伯纳在伦敦萨沃伊酒店发表颂词（见本书附录）之后，爱因斯坦又作了题为“犹太共同体”

的演讲。

ORT是1880年在圣彼得堡创立的一个世界组织，最初只面向东欧年轻人，致力于把犹太青年培养成为手艺人和农民。

OZE是一个犹太人援助组织，主要负责医院的建立和维护。因其乌托邦小说而走红的作家赫伯特·乔治·威尔斯（Herbert George Wells，1866—1946）和萧伯纳一起参加了这场不同寻常的宴会。威尔斯在《世界史纲》（*Geschichte der Welt*）中表现出来的世界主义态度与爱因斯坦的部分观点如出一辙。比如他说："聪明的人越来越清楚，只要民族国家有独立的主权，并且不断向人们系统性地灌输狂热的种族、民族和文化偏见，我们目前的不稳定状态就会加剧，规训、奴役、恐惧和更具毁灭性的战争的激情将会越来越充斥于人们的生活和思想中。一种军事的歇斯底里威胁着我们这个物种。它可能把我们一步步地拖向残酷、堕落的战争，拖向除了痛苦、仇恨和低级享乐之外毫无生趣的生活。这种生活只知道斯巴达式的忍耐，毫无美德可言。"

## 关于巴勒斯坦重建问题的讲话

爱因斯坦原本对宗教问题并没有表现出多大兴趣，但是自1920年起，他看到反犹主义在第一次世界大战之后的德国蔓延，遂成为犹太复国主义运动的坚定支持者。1921年，他与后来成为以色列第一任总统的哈伊姆·魏茨曼（Chaim Azriel Weizmann，1874—1952）教授来到纽约，为犹太民族基金和耶路撒冷希伯来大学（1918年创建）筹集资金。在中日之行途中，他获得了诺贝尔物理学奖。1923年2月，他第一次踏上了犹太人的土地。在耶路撒冷，他来到英国高级专员赫伯特·塞缪尔家中做客。第二次北美之行始于1930年12月，第三次是在1931年秋。

前三篇讲话是他在1931—1932年在美国所作。第四篇是他1921年从美国回到柏林时所作。第五篇讲话虽然较晚，但也在他定居普林斯顿（1933年）之前。

## 犹太人的复兴

自1920年在伦敦成立以来，犹太复国主义组织“巴勒斯坦筹款基金会”（Keren Hajessod）就组织筹集犹太民族基金，帮助犹太人开垦在以色列获得或者租赁的土地，并在上面建造房屋。

## 犹太复国主义的必要性

威利·海尔帕赫（Willy Hellpach，1877—1955），1922年至1924年任巴登州教育部长，1925年被提名为帝国总统选举的民主党候选人。1953年3月22日，这位76岁的社会民族心理学家在海德堡接受编辑的采访时表示，1929年他在瑞士采尔马特附近的利菲尔阿尔卑（Riffelalp bei Zermatt）度假时，给《福斯报》（*Vossische Zeitung*）写了一篇文章，其中提到了爱因斯坦。他在这篇文章中还写道：“虽然我只是非常短暂地与爱因斯坦先生见过面，但这已经足以使我感到，他是一个极富原创性的人，但似乎有些不谙现实，特别是对日常生活中事物的实际算计感到陌生，几乎如孩子一般轻信。我在数学家和自然科学家身上经常能够发现这一点。特别是数学家和理论物理学家，他们完全沉浸在一种犀利的演绎逻辑的思维方式中，而这与完全不支持这种逻辑的现实的人类社会生活经常格格不入。这一点甚至还适用于像罗素这样具有更广泛个性的人。"

海尔帕赫接着说："从犹太复国主义开始引起公众注意的第一刻起，我就对民族犹太运动的发展感到遗憾。犹太复国主义的发展可以从任何民族主义的发展中反映出来。我们知道的任何民族主义起初都非常狂热，结束（或达到顶峰）时充满激情，从理想主义窄化为盲目信仰。德国的民族主义从赫尔德、费希特、阿恩特（Arndt）、杨（Jahn）开始，一百年后在泛德意志的特赖奇克（Treitschke）那里实现了国家社会主义；理查德·瓦格纳、保罗·德·拉加德（Paul de Lagarde）、古斯塔夫·弗赖塔格（Gustav Freytag）等人则构成了中间桥梁。当民族主义从精英阶段向大众运动发展时，它的命运就和任何精神运动一样，变得浅薄、狭隘和冷酷无情。——就像泛德意志的民族主义不代表德国人，德吕蒙（Drummond）、莫拉斯（Maurras）和高卢沙文主义的追随者不代表法国人一样，犹太复国主义在其扩张的任何阶段也不代表犹太民族。即使在今天，世界上绝大多数犹太人也没有想过要在以色列的埃雷兹（Erez）生活。让我感到非常遗憾的是，在犹太复国主义中，有一种历史的东西被否认了，那就是世界公民的感觉和思想。我认为这是流散四方的犹太人

的一个使命。西方文化越是发生民族主义分裂，它作为这种文化的‘维生素’就越显得重要。现在，已经通过历史灾难而变得具有世界公民眼光的犹太人，也要像其他那些或大或小的民族一样成为民族主义者。在我看来，这对犹太人的世界使命而言是非常重大的损失。”

## 献给利奥·拜克的格言

这些格言源自爱因斯坦的生活体悟，后来刊登在1953年5月23日出版的庆祝利奥·拜克（1873—1956）八十寿辰的两卷本纪念文集上。第一条格言简明扼要地描绘了20世纪上半叶的这位极富个性的德国犹太人领袖。在爱因斯坦的评价中，他在道德上堪比圣雄甘地和史怀哲。

拜克生于普鲁士的波森（现为波兰的莱什诺），他乐观豁达，颇具骑士精神，致力于东西犹太文化的传播。在柏林担任首席拉比期间（1912—1943），以及自1945年年中在英国和美国工作以来，拜克乐于负责的个性为许多社会文化机构注入了活力。1943年，拜克毅然拒绝了从纳粹德国逃跑的所有机会，自愿登上了前往特雷津集中营（Konzentrationslager Theresienstadt）的苦难列车，在那里作为牧师和演讲者安慰囚犯。当时被关押在特雷津集中营的14万名东西方犹太人中，有近12万人被毒死、饿死或感染伤寒而死。1945年春解放后，拜克以坚定不移的宽容和生活智慧，在英国和辛辛那提的希伯来联合学院继续他在柏林开始的学术工作。

## 研究的原则

本文是1918年4月23日爱因斯坦为马克斯·普朗克（1858—1947）的60岁生日宴在柏林物理学会上的讲话。卡尔·塞利希在《爱因斯坦与瑞士》中谈到，即使在纳粹当权时期，普朗克也在为科学的国际化而与贵族合作，爱因斯坦能够当选为柏林普鲁士科学院院士，他功不可没。爱因斯坦总是带着尊敬和感激谈到普朗克，说他是一位思想正直的开拓者，正是借助于他的量子理论，现代世界图像才得以开创。

《爱因斯坦与瑞士》还讨论了曾经备受争议的机械论世界观代表人物恩斯特·马赫（1838—1916）对爱因斯坦的哲学和科学发展的影响。1913年秋，爱因斯坦在维也纳参加德国自然科学家和医生大会时，还专程到住处拜访了严重瘫痪的马赫博士。对于这次拜访，菲利普·弗兰克（Philipp Frank）在其《爱因斯坦：他的生活和时代》（*Einstein—— Sein Leben und seine Zeit*，1949）中作了生动的描述。

## 论理论物理学的方法

本文是1933年6月10日爱因斯坦在牛津所作的斯宾塞讲演。

瓦尔特·迈尔（1887—1948）是爱因斯坦的前同事，生于维也纳，他是一位杰出的数学家，最后在普林斯顿高等研究院工作,1948年秋去世。

路易·德布罗意(Louis de Broglie,1892—1987)是巴黎昂利·庞加莱(Henri Poincaré)研究所的理论物理学教授,因其关于电子波动性的研究而获得1929年诺贝尔物理学奖。关于他与爱因斯坦的个人关系,参见卡尔·塞利希的《爱因斯坦与瑞士》中所载德布罗意的《与爱因斯坦在1927年索尔维会议上的会面》(*Une rencontre avec Einstein au conseil Solvay en 1927*)一文。

保罗·狄拉克(Paul Adrian Dirac,1902—1984)是剑桥大学理论物理学教授,致力于改进量子理论和电子理论。1933年与薛定谔一同获得诺贝尔物理学奖。

埃尔温·薛定谔(Erwin Schrödinger,1887—1961)生于维也纳,曾任都柏林高等研究院理论物理学教授。受到德布罗意的启发,他创立了在数学上精确的波动力学理论。

马克斯·玻恩(Max Born,1882—1970)是爱丁堡大学理论物理学教授,他关于晶格理论、原子动力学和基础量子力学的研究大大深化和丰富了我们对物理世界图像的认识。1950年,海森伯在"量子理论50年"演讲中称赞了他在哥廷根大学的这位曾经的老师,认为玻恩和帕斯库尔·约当(Pascual Jordan)一起为量子理论奠定了数学基础。

维尔纳·海森伯(Werner Karl Heisenberg,1901—1976)是哥廷根的马克斯·普朗克物理研究所理论物理学教授,1932年获得诺贝尔物理学奖。他和玻恩、约当同属于对核物理学不可或缺的量子力学的创立者。他在不确定性原理和宇宙射线等方面的研究也是德国在现代物理学领域的顶尖成就。

## 几何学与经验

爱因斯坦任职的普鲁士科学院成立于1700年，曾受到腓特烈大帝（1712—1786）的慷慨资助。本文是1921年1月27日爱因斯坦在惯例的腓特烈大帝诞辰纪念会上所作的备受赞誉的演讲。根据菲利普·弗兰克（1884—1966）教授的判断，他“通过清晰的表述在一个即使是科学家、数学家、物理学家也经常搞不清楚的领域创造了秩序。自那以后，甚至连哲学家也认为爱因斯坦的表述是最为清晰和出色的”。

1918年，柏林哲学家莫里茨·石里克（Moritz Schlick，1882—1936）出版了《普通认识论》（*Allgemeine Erkenntnislehre*）。一年前，石里克在爱因斯坦的影响下出版了《当代物理学中的空间与时间》（*Raum und Zeit in der gegenwärtigen Physik*）。

卡尔·塞利希在《爱因斯坦与瑞士》中披露，1911年，法国数学家庞加莱（1854—1912）在去世前不久曾与居里夫人同时写信，极力劝说爱因斯坦从布拉格回到母校苏黎世联邦理工学院担任理论物理学教授。

结尾处提到的“偏差……已在水星的例子中得到了确证”，是指英国派出两支科考队，一支到巴西北部，另一支到西非小岛普林西比，观测1919年3月29日的日全食。此后，更多科考队带着更加精良的设备到苏丹（喀土穆）用新的测量方法对1952年2月25日的日全食进行了观测，以验证爱因斯坦关于光线在引力场中弯曲的理论。1916年,爱因斯坦计算出光的偏折为1.75弧秒。1919年5月29日,英国科考队的测量结果为1.64弧秒。1952年,科学家们的测量结果1.70弧秒与爱因斯坦的计算更加接近。

## 什么是相对论?

1919年11月6日,英国皇家学会和皇家天文学会在伦敦举行例行联席会议,公开宣布1919年3月29日日全食期间,他们派出的科考队在西非的普林西比岛和巴西北部(索布拉尔)拍摄的照片成功地验证了爱因斯坦关于空间弯曲的理论。会议发言人是备受尊敬的物理学家、诺贝尔奖获得者约瑟夫·约翰·汤姆孙爵士(Joseph John Thomson,1856—1940),他在开场白中将爱因斯坦的理论誉为"人类思想史上最伟大的成就之一",并且郑重宣布:"太阳的引力场确实引起了爱因斯坦的广义相对论所预言的偏折。"英国著名的《泰晤士报》请爱因斯坦亲自向公众介绍他的研究,爱因斯坦遂发表了这篇《什么是相对论?》。本文以"我的理论"为题刊登在1919年11月28日的《泰晤士报》上,其中包含一段具有讽刺意味的附言:"贵报关于我本人和我的生活状况之评述,在一定程度上表现了撰稿人招人喜欢的想象力。这里相对论原理还有一种应用,说来供读者一笑:现在我在德国被称为'德国学者',在英国则被称为'瑞士犹太人'。而当我被视为'眼中钉'的时候,就会反过来,在德国人眼里我是'瑞士犹太人',而在英国人眼里我则是'德国学者'。"

原先附在第三项判据中的评论“尚未证实”,如今已不再有效。它后来在天狼星伴星处得到了证实。

## 关于相对论

本文是爱因斯坦1921年初夏在伦敦皇家学会发表的演讲。伦敦皇家学会是英国最古老的科学协会,其成立时间可以追溯到1660年。

## 论广义相对论的起源

罗兰·厄缶(Loránd Eötvös,1848—1919)是布达佩斯大学物理学教授。他制造了用于重力测量和地球物理勘探的扭秤,同时也是液体表面张力和地磁学领域的研究专家。1911年,爱因斯坦在《物理学年鉴》(*Annalen der Physik*)上发表了《评厄缶定律》(*Bemerkung zu dem Gesetz von Eötvös*)一文。

根据一些未发表的信件,卡尔·塞利希在《爱因斯坦与瑞士》中详细介绍了爱因斯坦与他青年时代的同窗好友马塞尔·格罗斯曼(Marcel Grossmann,1878—1936)的密切合作。格罗斯曼是瑞士数学家,在苏黎世联邦理工学院讲授几何学。

## 物理学中空间、以太和场的问题

本文最初发表在1930年的《哲学论坛》(*Forum Philoso-*

*phicum*）上，它本来还包含一个4页多的结语，讨论场论的最新假设。这一部分应爱因斯坦本人要求，予以删除，因为“当时的理论早就被我抛弃了，而是代之以完全满足逻辑–形式关系的非对称场论”。后来爱因斯坦在《相对论的意义》（*Meaning of Relativity*）的附录Ⅱ中描述了这一理论。爱因斯坦还在同一封信中补充说：“然而与经验相比，它在数学上遇到的困难更为显著。”

## 约翰内斯·开普勒

本文是爱因斯坦为纪念开普勒（1571—1630）逝世300周年所写的文章，发表于1939年11月9日德国《法兰克福报》（*Frankfurter Zeitung*）。

## 牛顿力学及其对理论物理学发展的影响

本文是爱因斯坦纪念牛顿（1643—1727）逝世200周年的讲演，发表于德文期刊《自然科学》（*Die Naturwissenschaften*, Vol. 15, 1927）。

詹姆斯·克拉克·麦克斯韦（James Clerk Maxwell，1831—1879），英国物理学家，提出光的电磁理论。

路德维希·玻尔兹曼（Ludwig Edward Boltzmann，1844—1906），奥地利物理学家，热学领域的先驱。

威廉·汤姆孙（William Thomson，1824—1907），又称开尔文勋爵（Lord Kelvin），英国物理学家，其研究涉及热力学、晶体磁学和热电学等领域。

西莫恩·德尼·泊松（Simeon-Denis Poisson，1781—1840），位势概念的创始人之一，发表过声学、波动理论、热传导、表面张力等领域的著名研究。

## 弗莱特纳船

德国工程师安东·弗莱特纳（Anton Flettner, 1885—1962）是1915年完工的远航蒸汽船和1924—1926年试制的双转子船的发明者。作为帆船运动爱好者，爱因斯坦对后者兴趣甚浓。

莱昂哈特·欧拉（Leonhard Euler，1707—1783），著名巴塞尔物理学家、天文学家、现代数学的奠基人，19岁参加法国科学院主办的关于船桅最优放置法的征文比赛并获奖，同时潜心研究火炮、造船和掌舵技术问题。

丹尼尔·伯努利（Daniel Bernoulli，1700—1782），巴塞尔数学家，因解决流体动力学问题而著称。他研究过船的驱动，即船尾喷射水柱会产生反冲力。

海因里希·古斯塔夫·马格努斯（Heinrich Gustav Magnus，1802—1870），“马格努斯效应”的发现者，弗莱特纳用它制造了转子船。

瑞利勋爵，原名约翰·威廉·斯特拉特（John William Strutt，1842—1919），尊称为瑞利男爵三世（Third Baron Rayleigh），英国物理学家，1904年因在波动理论、声学、电学、辐射学等领域的奠基性工作而获得诺贝尔物理学奖。

路德维希·普朗特（Ludwig Prandtl，1875—1953），1925年开始担任柏林威廉皇帝研究所所长和哥廷根的马克斯·普朗克流体研究所所长。他在现代空气动力学和流体动力学领域做出了杰出贡献。经他提议，德国第一个风洞装置在哥廷根建成。在某种程度上，普朗特还因其流体理论而成为现代“流线型”的创造者。

## 河道弯曲的原因和贝尔定律

卡尔·恩斯特·冯·贝尔（Karl Ernst von Baer，1792—1876）是爱沙尼亚动物学家和地理学家，被视为动物科学发展史的创立者。他的《论河床成型的一般定律》（*Über ein allgemeines Gesetz in der Gestaltung der Flußbetten*）1860年在圣彼得堡出版，讨论了地球自转的偏转力。

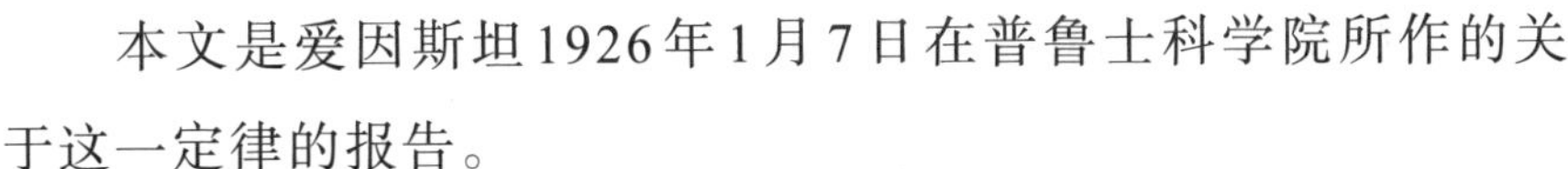

本文是爱因斯坦1926年1月7日在普鲁士科学院所作的关于这一定律的报告。

## 科学家的道义责任

本文是爱因斯坦寄给1950年在卢卡举办的意大利科学促进会（Società Italiana per il Progresse de la Scienze）第42届会议的贺信，以英文发表于联合国教科文组织的期刊《影响》（*Impact*）1950年秋季号。促进会主席是现在已故的意大利前总理、反法西斯主义者弗朗切斯科·尼蒂（Francesco Nitti）。

# 译后记

《我的世界观》最初于1934年由克里多（Querido）出版社在阿姆斯特丹出版，它是截至1933年上半年的爱因斯坦文集，由爱因斯坦的女婿鲁道夫·凯泽尔（Rudolph Kayser）以笔名“J. H.”选编。[①]1953年，卡尔·塞利希根据1934年版的《我的世界观》和1950年出版的《晚年集》选编了增补版的《我的世界观》，并且得到了爱因斯坦本人的首肯。书中收录了爱因斯坦关于人生、科学、政治、宗教、教育、犹太人、经济、和平等问题的言论和文章，显示了爱因斯坦的人生态度、敏锐的洞察力和对人类命运的深挚关切。2014年，德国乌尔施坦（Ullstein）出版社出版了该书最新的第32版，这里的中译本即据此德文版译出，并且参考了已有的英译文，其中爱因斯坦原本用英文写的文章则基本根据英文译出。

需要特别说明的是，除少数几篇文章尚无中译以外，《我的世界观》中的大部分文章均已收在许良英等先生编译的《爱因斯坦文集》第一卷和第三卷中。《爱因斯坦文集》质量优异，凝聚着老先生们付出的巨大心血，是国内同类著作中的佼佼者，本



① 1937年，上海文化出版社出过叶蕴理译的此书中译本。——译者

书翻译时自然作了参考。不过《爱因斯坦文集》出版至今已近半个世纪,其中不少译文都还有改进的余地,比如大多数文章翻译时主要参考的是英译本,有些行文不够简练,以及不可避免有一些小错误,等等。而且三卷书合在一起部头太大,不如《我的世界观》更能方便普通人了解爱因斯坦的方方面面,在这个意义上,出版《我的世界观》的中译本也是有意义的。这里我要向许良英等诸位先生致以深深的谢意和敬意!没有他们的工作在先,我未必敢承接这项艰巨的任务,至少翻译起来会困难许多。但尽管如此,翻译这本小书还是要付出很大精力。爱因斯坦行文隽永、简练,其微妙意趣实难用中文恰当表达。期待各位读者提出宝贵意见,以便译文日臻完善!

张卜天

2021年3月2日

清华大学科学史系

**图书在版编目(CIP)数据**

我的世界观/(美)爱因斯坦著;张卜天译. —北京:商务印书馆,2024
(汉译世界学术名著丛书:120年纪念版:珍藏本:增订本)
ISBN 978-7-100-23668-3

Ⅰ.①我… Ⅱ.①爱…②张… Ⅲ.①爱因斯坦(Einstein,Albert 1879-1955)—文集 Ⅳ.①Z471.2

中国国家版本馆CIP数据核字(2024)第076610号

权利保留,侵权必究。

汉译世界学术名著丛书
(120年纪念版·珍藏本·增订本)
**我的世界观**
〔美〕爱因斯坦 著
张卜天 译

商务印书馆出版
(北京王府井大街36号 邮政编码100710)
商务印书馆发行
北京通州皇家印刷厂印刷
ISBN 978-7-100-23668-3

2024年5月第1版　开本710×1000 1/16
2024年5月北京第1次印刷　印张16¾
定价:92.00元